KB018286

2014 KOREA
프란치스코 메시지

교회는 야전병원,
치료약은 위로와 자비

"비바, 파파! 비바, 파파!"

우렁찬 환호 소리가 터져 나왔습니다. 교황 프란치스코가 보이자 수많은 무리의 사람들이 약속이나 한 듯 소리 질렀습니다. 사랑과 애정이 담긴 우렁찬 울림이었습니다. 모두의 얼굴에는 행복한 표정이 가득했습니다. 지난 2014년 8월 14일부터 18일까지 교황 프란치스코가 우리나라를 방문하는 동안, 우리는 기쁨에 소리쳤고 우렁찬 환호 소리를 마음껏 질렀으며 그분으로 인해 행복했습니다.

4박 5일 동안 교황의 발길이 닿는 곳마다, 수많은 사람들이 그를 만나기 위해 구름떼처럼 모여들었습니다. 대부분의 사람들은 교황을 만나기 위해 밤잠을 설치고 새벽길을 나섰던 이들이었습니다. 몹시 피곤할 텐데도, 그들은 파파 프란치스코의 환한 미소를 보자 피로한 기색은 전혀 없이, 기쁨이 넘치는 미소만 얼굴에 가득 채웠습니다.

로만 칼라를 한 사제복을 입은 저는, 아이처럼 들떠 행복해하는, 신자는 말할 것도 없고 비신자들까지, 수많은 사람들이 소리지르는 환호소리를 보며 기쁨을 넘어 감동으로 눈시울이 뜨거워졌습니다.

이분에게 열광하는 우리의 모습에서 저는 확인할 수 있었습니다. 우리가 얼마나 교황이 중시하는 가치와 사랑을 그리워했었는지, 또한 그런 사목자의 사랑과 위로를 우리가 얼마나 목말라했는지를……. 교황은 격식을 차리고 전례적 관행을 지키기보다는 사람이 본래적으로 지닌 따뜻한 모습과 진솔한 사랑으로 우리에게 다가와 우리들의 그리움과 목마름을 적셔주었습니다.

교황을 만나는 그 시간은 우리에게 따뜻한 행복을 체험하게 하는 시간이었고 우리를 감동시켜 눈물짓게 하는 시간이었습니다.

우리는 교황을 멀리서 만나면 웃고, 가까이에서는 울었습니다. 교황은 우리를 웃고 울게 하였습니다. 그래서 우리 모두 치유라는 선물을 받았습니다.

교황은 4박 5일 방한 기간 내내 만나는 모든 이들에게 위트와 유머가 서려 있는 다정한 말을 건넸고 환한 미소를 보여주었습니다. 그는 우리에게 그 미소와 함께 자비와 위로도 선물해 주었습니다. 교황을 직접 만난 이들은 한결같이 교황의 재치 있는 말솜씨에 행복하였던 체험을 이구동성으로 말했습니다.

이런 일도 있었습니다.

8월 15일은 날씨가 좋지 않았습니다. 교황은 헬기를 타는 대신에 KTX 기차를 타게 되었습니다. 대전에 도착한 교황은 배웅을 나온 코레일 사장에게, 기차를 타게 한 날씨를 언급하며 이렇게 인사를 건넸습니다.

"사장님께서 비와 구름을 몰고 오셨군요!"

한번은 수녀들을 만나는 자리에서 "아! 여러분들은 하느님의 며느리들이시지요?" 하며, 좌중을 한바탕 웃음바다로 만들었습니다.

게다가 저에게도 교황은 위트가 넘치는 다정한 말로 깊은 인상을 남겨주었습니다. 8월 15일 교황은 대전 가톨릭대학교 방문을 마치고 제 방에서 잠깐 휴식을 취하게 되었습니다. 솔뫼 성지로 가기 위해 헬기에 오르기 직전이었습니다.

교황은 휴식을 취하고 제 방을 나서면서 저에게 이렇게 말을 건네며 환하게 웃었습니다.

"방값을 어떻게 지불하면 좋겠어요?"

우리가 느끼는 교황의 위로와 자비는 이렇게 그분의 아름다운 미소와 환한 웃음을 동반한 다정한 말을 통해 전달되었습니다.

교황은 짧은 방한 기간 동안 엄청난 스케줄을 소화하였습니다. 그 바쁜 스케줄 속에서, 그는 한국을 떠나기 직전에 방한 기간 중에 수고한 교통경찰 60여 명을 당신이 머물던 교황청 대사관으로 초대하였고 그들과 감사의 인사를 나누었습니다. 일일이 따뜻한 손으로 그들의 손을 잡아주며 함께 기념사진을 찍었습니다.

교황이 꽃동네를 방문하는 동안에는 장애인들과 볼을 비비고 입을 맞추기도 하였습니다. 장애아 어린이들이 율동 공연을 할 때에는, 교황은 준비된 의자도 마다하고 30여 분 동안 일어서 있는 채로 그들과 눈을 맞추며 눈인사를 나누었습니다.

이렇듯 교황이 취하는 행동을 보면, 항상 사람을 향한 하느님의 사랑이 그의 마음속 첫 자리를 차지하고 있는 것을 볼 수 있었습니다.

교황이 우리에게 남긴 것이 무엇인지를 곰곰 생각해보면 저는 절로 고개가 끄덕여집니다. 소박함, 겉치레가 없는 진정성, 탈권위적인 소탈함, 따뜻한 인간애, 섬김, 자비, 사랑, 겸손, 위로, 온화한 미소, 평화, 정의, 연대, 희망, 용서, 화해, 경청, 격려, 맑은 눈빛, 치유, 감동······.

하느님의 '자비'는 교황 프란치스코가 보여준 행동들이 지닌 가장 중요한 핵심 내용들 중 하나입니다.

교황이 방한 기간 동안 서강대 예수회 사제관을 깜짝 방문했을 때입니다. 예수회원들에게는 이미 엠바고(embargo 어떤 기사의 보도를 일정 시간까지 유보하는 일) 문자가 전달됐고, 경찰들도 서강대에서 경호를 위해 대기상태였습니다. 하지만 서강대 근처 주민들은 교황의 방문을 알아챘고 200여 명 넘게 교황의 깜짝 방문을 깜짝 환영으로 응답했습니다. 모든 이들이 교황 방문을 기뻐했습니다. 그분은 그곳에서 만난 사제들에게 "하느님의 백성을 비난하지 말라."고 하면서, 오히려 "그들을 위로해 주라."고 힘주어 말했습니다. 교회를 '야전병원'으로 표현해 온 교황은 "하느님의 사랑으로 위로받지 못하는 상처는 없다."며 "바로 이것이 사제들이 살아가는 길"이라고 강조했습니다. 교황은 예수회 수도자들에게 "공동체 생활을 통해 하느님의 자비에 대한 '전문가'가 되라."고 권고하기도 했습니다. 야전병원에 치료제가 필요하듯, 상처받은 사람들이 모이는 오늘날 교회에는 자비, 섬김, 연대, 용서 그리고 위안이 절실히 필요해 보입니다.

"일어나라! 연대하라! 나가라!"

이제 우리가 움직일 때입니다. 교황은 이번 한국 방문을 통해서, 모든 영적인 가치는 우리가 스스로 선택하였을 때 구체적으로 구현된다는 사실을 행동으로 보여주었습니다. 이제 선택은 우리의 몫입니다. 서둘러야 합니다. 응급환자들에게 달려가는 야전병원의 구급차는 속도를 내어 달려야 합니다. 환자의 생명은 분초를 다투는 일이기 때문입니다. 생명을 살리기 위해 우리는 즉시 달려가야 합니다.

예수 성탄절에 대전 성요셉 신학교에서
곽승룡 비오

일어나, 비추어라!

사랑하는 형제자매 여러분.

며칠 뒤, 저는 하느님의 도움으로 한국에서 여러분과 함께 있을 것입니다. 지금까지 여러분이 보여준 환대에 감사드리며, 여러분이 저와 같이 이 사도적 여정이 한국교회와 사회를 위하여 좋은 결실을 맺도록 함께 기도해 주시기를 초대합니다.

'일어나, 비추어라!' (이사야 60,1)

예루살렘에서 이사야 예언자가 선포한 이 말씀과 함께, 저는 여러분에게 나아갑니다. 주님께서는 여러분이 당신 빛을 기쁘게 받고, 믿음과 희망과 사랑으로 가득 찬 삶으로, 복음의 기쁨으로 가득 찬 삶으로 마음속 깊이 받아들이도록 초대하십니다.

여러분이 잘 알고 있듯이, 저는 제6차 아시아청년대회에 참석하기 위하여 가는 것입니다. 특별히 저는 청년들에게 주님의 부르심을 전합니다.

"아시아 젊은이여, 일어나라! 순교자의 영광이 너희를 비추고 있다."

부활하신 그리스도의 빛이 윤지충 바오로와 동료 순교자 123위, 모든 신앙의 순교자들의 증거를 거울삼아 빛납니다. 저는 다가오는 16일 서울에서 이분들을 복자로 선포할 것입니다.

젊은이들은 미래를 향한 희망과 에너지를 가져오는 이들입니다. 그러나 한편 젊은이들은 우리 시대의 도덕적이고 영적인 위기의 희생자들이기도 합니다. 이 때문에 저는 그들에게 또 모두에게 우리를 구원할 유일한 이름인 '주님이신 예수'를 전하고자 합니다.

사랑하는 한국의 형제자매 여러분, 그리스도께 대한 신앙은 여러분의 대지에 깊이 뿌리내렸으며 풍성한 결실을 맺었습니다. 어른들은 이러한 유산의 수호자들입니다. 이들 없이 젊은이들은 기억을 전수받을 수 없습니다. 어른들과 젊은이들 사이의 만남은 인류 여정의 보증입니다. 또한 교회는 거대한 가정이어서 우리는 그리스도 안에서 그 가정의 한 형제가 됩니다. 그분의 이름으로, 사랑과 희망의 복음을 여러분과 함께 나누려는 기쁨으로 저는 여러분에게 갑니다.

주님께서 여러분을 축복하시고 동정 성모께서 여러분을 보호해 주시기를 빕니다.

천주교 대전교구 사진 제공

제1부

실천하는 가난

천주교 대전교구 사진 제공

비바, 파파! 프란치스코!

교황 프란치스코는 만나는 모든 이와 마음을 나누는 소통의 달인입니다. 어떻게 그럴 수 있을까? 가난을 좋아하는 그분은 소탈하고 유머러스하며 섬기기를 좋아하기 때문이리라. 이런 면에서도 교황은 100% 영적인 사람이 지녀야 하는 면모를 갖추었습니다. 영적인 사람이 이상주의자이어야 할 필요는 없습니다. 그저 모든 이에게 따뜻하게 다가가 사랑과 친절을 베푸는 아버지처럼 행동하면 됩니다. 프란치스코 교황처럼 영적인 사람이 지니는 특징은 말씀과 행동이 지나치지 않고, 언행일치를 보여줍니다. 그래서 교황이 살아가는 가난한 삶과 그분의 따뜻하고 부드러우며 자비로운 행동이 서로 하나로 어울립니다. 21세기에 교황은 12세기의 프란치스코가 다시 부활하여 돌아온 듯, 많은 이들을 교회로 불러들이고, 모든 이가 교황으로 인해 열광하게 해 줍니다.

"꾸미지 말고 있는 그대로 준비해 달라."고 요구했던 교황이 자기 가방을 스스로 들고 다니는 것은 당연한 일처럼 보였습니다. 영성생활은 하느님과 만나는 '내적 생활'과, 사람들과 어울리는 '넓고 친밀한 인간관계'를 유지하는 것이 서로 하나로 일치하는 삶을 말합니다.

교황은 미사를 집전할 때는 장엄하고 엄숙하게, 강론은 분명한 메시지를 간결하게 선포하였습니다. 하지만 사목자로서 사람들 사이에서 어울릴 때 그는 젊은이들에게 따뜻한 희망을 담아 용기를 주고, 어린이들에게는 천진한 어린이처럼 환하게 웃으며 그들에게 다가갑니다. 특히 세례를 요청하는 세월호 희생자 이승현 군의 아버지 이호진 씨에게 교황은 직접 프란치스코란 이름으로 자상하게 세례를 베풀어주었고 진심을 다해 전례를 집전하였습니다.

교황은 상대가 누구이든지, 그를 섬기는 목자의 모습을 보여 줍니다. 예수께서 "사실 사람의 아들은 섬김을 받으러 온 것이 아니라 섬기러 왔고 또 많은 이들의 몸값으로 자기 목숨을 바치러 왔다."(마르 10,45)라고 하신 말씀을 그대로, 자신의 삶에 그 말씀을 옮겨 실행합니다. 그가 교황과 같은 높은 신분의 사람임에도 불구하고 그렇게 겸손하게 사람들을 섬길 수 있는 것은 그가 굳건히 믿는, 모든 인간의 존엄과 가치가 동등하다는 그의 믿음에 뿌리를 둡니다. 교황은 세상과 남들의 평판에 대해 크게 개의치 않았고 비난 받는 것을 걱정하지 않습니다. 인간에 대한 존경과 인간 존엄성의 가치를 귀중히 여기고 스스로 낮추어 섬김으로 이를 실천하며 살아갑니다. 이런 관점에서 교황이 보여주는 섬김의 모습은 인간의 약함과 부족함을 우선적으로 선택하는, 위대한 믿음과 사랑의 행동입니다. 특히 고통 안에 있는 자와 약자, 그리고 어린이들에 대한 깊은 사랑이 바로 그의 그런 우선적 선택을 증명해 줍니다.

섬김은 겸손이라는 토양에서 자라납니다. 교황이 기록으로 남겨준, 깨알 같은 그의 서명에서 그의 겸손을 엿볼 수 있습니다. 바로 자기를 낮은 자로 바라보는, 자신에 대한 정확한 인간 이해와 더불어, 다른 이의 가치와 존엄성을 조건 없이 수용하여 존경해 주는 겸손을 드러내 보여줍니다.

교황은 어린이를 매우 사랑합니다. 우리는 교황의 미소 속에 어린이의 천진한 웃음이 담겨 있는 것을 볼 수 있습니다. 어린이 같은 마음 없이 어찌 어린이처럼 미소를 지을 수 있겠습니까?

저는 교황께서 대전의 성 요셉 신학교를 방문하여, 저에게 건넨 말씀과 밝은 웃음을 결코 잊지 못할 것입니다. 그것은 나에게 평생 잊을 수 없는 선물이었습니다. 제가 교황께 신학생들에게 도움이 되는, 좋은 말씀을 써 달라고 부탁을 드렸을 때, 그는 주저 없이 "스페인 말로 써도 되느냐?"고 물었습니다. 보통 방문객들은 자신에게 편한 언어로 쓰면 되는 일이었습니다. 굳이 상대방에게 물을 일은 아니었습니다. 하지만, 스페인어로 쓰는 것 때문에 한국 신학생들에게 불편을 줄 수 있다는 배려와 친절을 보여준 것입니다. 방명록 기록을 부탁하는 제게 "스페인 말로 써도 되느냐?"고 묻는, 몸에 밴 그의 친절과 겸손을 저는 보고 느낄 수 있었습니다.

진정 교황은 크고 위대한 분이셨습니다. 왜냐하면 당신 스스로 자신을 낮추는 이처럼 행동하기 때문입니다. 예수께서 "누구든지 이 어린이처럼 자신을 낮추는 이가 하늘 나라에서 가장 큰 사람이다."(마태 18,4)라고 말씀하듯이 말입니다. 어린이처럼 자신을 낮추는 작은 이가 하늘 나라에서 가장 크다는 것을, 교황은 한국 방문을 통해서 몸소 실천으로 보여주었습니다.

꾸미지 말고 있는 그대로

서울 공항에 도착한 프란치스코 교황은 특별한 의전 행사를 치르지 않고 공항을 빠져 나갔습니다. 작은 차 쏘울이 비행기 트랩에서 시작된 레드 카펫의 끝에서 기다리고 있었습니다. 마중 나온 환영단과 인사를 마친 교황은 작은 차 쏘울에 올라탔고, 환영단에게 손을 흔들며 천천히 공항을 빠져나갔습니다. 검은색 대형차들이 교황이 탄 소형차 쏘울의 앞뒤를 호위한 채 앞으로 나아갔습니다. 잠시 뒤 대통령이 탄 벤츠 차량이 뒤따라 공항을 나섰습니다.

사실 교황은 큰 차를 좋아합니다. 특히 BMW를 아주 선호합니다. BMW는 Bus, Metro, Walk(버스, 지하철, 걷기)의 앞글자를 따서 부르는, 교통수단의 유머러스한 표현입니다. 교구장으로 지내던 부에노스아이레스에서 즐겨 타고 다닌 교통수단 역시 버스, 지하철, 두 다리였습니다. 교황은 로마에서도 회의 등에 참석하기 위해 교황청 수행원들과 이동할 때면 버스를 이용하였습니다.

교황은 한국을 방문하기 전, 바티칸으로 당신을 만나러 간 대전 교구장 유 라자로 주교에게 "꾸미지 말고 있는 그대로 준비해 주세요."라고 당부하였다고 합니다. 그리고 자동차도 특별히 작은 차로 주문하였습니다. 그래서 우리는 교황이 한국 방문 내내 작은 차 쏘울을 타고 가면서, 수시로 창문을 열고 환하게 미소를 지으며 손을 흔드는 교황의 모습을 볼 수 있었습니다.

교황은 한국 방문 기간 동안 장거리 이동을 해야 할 때에는 공식적으로 헬기를 이용하기로 하였지만, 일기가 좋지 않다는 이유로 기차와 자동차를 이용하였습니다. 8월 15일에 교황은 대전의 월드컵 경기장으로 첫 번째 공식적인 이동을 할 때도 헬기로 대전을 가야 했지만 KTX 기차를 이용하여 대전으로 떠났습니다. 아르헨티나나 로마에서처럼, 대중교통을 이용하기로 유명한 교황이 기차를 탄 것입니다. 그분은 "느린 기차는 타 보았어도 이렇게 빠른 기차는 처음 타봅니다. 아주 좋습니다." 하며 즐거워하였습니다. KTX 기차 여행을 아주 편안히 즐기며 마냥 좋아하였습니다. 8월 17일, 아시아 청년대회 폐막 미사 후에도 교황은 날씨가 좋지 않아 해미에서 삽교역까지 소형 자동차를 이용하였고, 삽교에서 서울까지는 특별열차를 이용하였습니다.

교황이 모든 권위의식을 내려놓고, 당연한 듯 자연스레 소형차와 기차를 이용하는 모습은 친근하고 따뜻한 파파 프란치스코가 지닌, 교황 본연의 모습이었습니다. 이런 교황의 모습은, 청빈과 비움을 생활화하면 마음은 더욱 평화로 채워진다는 진리를 알고 실천하는 신앙인의 모습입니다. 교황의 이런 모습은 큰 집과 대형 자동차를 이용하는 등, 과시욕에 사로잡혀 허우적대며 살아가는 사람들에게 울리는 경종으로 다가왔습니다.

한국의 종교인들도 대중 교통수단을 이용하는 교황의 취향을 닮으면 어떻겠습니까?

내 가방을 내가 드는 것은
당연한 일이죠

8월 15일, 교황은 대전 월드컵 경기장에서 성모승천 대축일 미사를 마치고 대전가톨릭대학교를 방문하였습니다. 교황은 작은 차에서 내릴 때나 계단에 오를 때, 그리고 걸어갈 때에도 늘 검정 가방을 손수 들었습니다. 식사할 때는 자신의 바로 옆에 검정 가방을 놓아두었습니다.

교황은 아시아 17개국에서 온 청년 대표들과 오찬을 마친 후에 대전가톨릭대학교 필자의 방에서 잠시 휴식을 취하기 위해 자리를 옮길 때에도, 검정 가방은 교황의 손에 들려 있었습니다. 교황이 투박해 보이는 검정 가방을 손수 들고 다니는 모습이 나에게는 신선한 충격이었지만, 다소 색이 바래 보이는 검정 구두를 신고 다니는 모습 역시 아주 인상적이었습니다. 그 빛바랜 구두는 교황이 고향 아르헨티나의 단골 구둣방에서 산 저렴한 것이라고 합니다. 교황은 지금도 주교 때부터 애용하던 철제 십자가 목걸이도 여전히 착용하고 있었습니다.

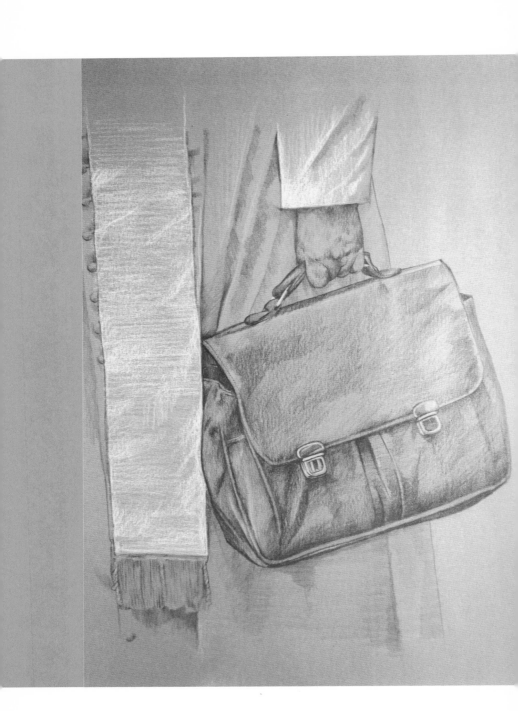

이처럼 4박 5일의 방한 기간 내내 교황은 검정 가방을 직접 들고 다녔습니다. 우리는 보통 수행원이 가방을 들어주는 모습에 익숙합니다. 그런 우리에게 교황이 직접 낡은 검은색 가방을 들고 있는 모습은 몹시 낯설었지만, 하느님의 말씀을 스스로 실천하는 교황의 모습으로 금세 친근하게 다가왔습니다.

교황은 그리스도께서 여러 지방을 다니며 다른 사람과 함께 어울리는 모습을 그대로 행동으로 보여주었습니다. 이렇듯 그리스도를 삶의 중심에 모시고 살아가는 사람은 이웃과 동떨어진 자기중심적인 삶을 결코 살지 않습니다. 우리가 예수님과 일치하면 할수록 그분은 우리의 삶에서 중심이 되시고, 이웃과 자연스럽게 어울리며 기쁨과 슬픔을 함께 나누는 이가 됩니다. 바오로 사도께서 말씀하십니다. "그리스도의 사랑이 우리를 다그칩니다."(2코린 5,14)

2013년 교황으로 취임한 지 4개월 정도 지난, 2013년 7월 22일 브라질에서 열리는 세계청년대회에 참석하기 위해서 교황은 로마에서 비행기를 탔습니다. 사람들은 교황의 모습에서 놀라운 것을 발견했습니다. 교황의 오른손에 커다란 검정색 가방이 들려 있었습니다. 이탈리아 총리의 배웅을 뒤로 하고 비행기 트랩을 오르는 교황은 한 손으로 난간을 붙잡고, 다른 한 손으로는 검정 가방을 들고 있었습니다. 게다가 가방을 든 손으로 자꾸 발에 걸리는 수단을 들어 올리느라 애쓰는 모습이 보기에 곤혹스러웠습니다.

해외 순방 때 짐 가방을 직접 들고 다니는 교황에게 기자가 그 이유를 묻자, 교황은 "그게 정상이죠. 우리는 정상적인 것에 익숙해져야 합니다."라고 대답했습니다.(2013년 7월 28일 기내 기자회견에서)

과연 가방에 무엇이 들어 있을까요? 그 안에는 면도기, 성무일도서, 약속 등을 기재한 수첩, 교황님이 헌신적으로 좋아하는 성녀 데레사에 관한 책 한 권 등이 들어 있습니다.

깨알 같은 서명에 담은 겸손한 마음

교황은 방한 기간 중에 여러 번의 자신의 글과 서명을 남겨야 할 기회를 가졌습니다. 교황의 글과 글씨는 매우 독특했습니다. 아주 작고 짧았으며 깨알 같았습니다. 주교회의를 방문하고 한국의 주교들로부터 부탁받은 방명록 서명에, 교황은 큰 마분지 종이 가운데 이름 'francisco'를 깨알같이 적었습니다. 주교회의가 준비한 방명록은 가로 42㎝, 세로 30㎝의 큰 종이였으나 서명한 글씨의 전체 길이는 2㎝밖에 안 되었습니다. 이를 옆에서 지켜보던 교황 방한위원회 위원장 겸 한국천주교 주교회의 의장 강우일 주교는 이렇게 설명해 주었습니다. "그냥 눈으로는 보일락 말락 한 작은 서명에서 교황이 프란치스코 성인의 삶과 같은 작은 길을 가겠다는 의지가 그대로 묻어난다."며 "교황께서는 당신도 별 볼 일없는 존재라며, 다른 사람들 앞에 겸손한 모습으로 서 있으려 하신 것 같다."고 말했습니다. 솔뫼 성지를 방문하고 서명을 부탁받은 한 말씀에서도, 한쪽 귀퉁이에 역시 'francisco'라는 작은 서명을 남겼을 뿐이었습니다.

Franciscus

천주교 대전교구 사진 제공

　교황의 서명은 날이 갈수록 작아지고 있습니다. 그러나 큰 종이 위의 작은 서명이 우리에게는 자꾸만 커져 보였고, 우리의 마음을 존경으로 가득 채워줍니다. 스스로를 낮추어 더 높아져 가는 교황의 모습은 우리에게 겸손한 자세로 삶을 채워가라고, 그래서 더욱 하느님으로 충만한 삶을 살아 가라고 말하는 듯합니다.

로마에서 받기로 한 방값

교황은 대전가톨릭대학교에서 아시아 청년 대표들과 오찬을 하신 후 제 방에서 얼마 동안 휴식을 취하셨습니다. 한 시간 20분 정도 쉬신 후 교황은 솔뫼로 떠나셨습니다. 저는 즉시 '교황이 어떻게 휴식을 하셨을까?' 궁금하여, 제 방을 향해 발걸음을 재촉해 들어가 보았습니다. 하지만 방은 교황이 어느 곳에서 머무르셨는지도 모를 정도로 처음처럼 깨끗했습니다. 순간 부끄러움이 스치듯 얼굴을 붉게 하였습니다. 내가 너무 화려하게 방을 준비한 건 아닌지……. 제 방은 교황이 침대에 눕지도 않은 듯 보였습니다. 교황은 표시나지 않게 의자에 앉아 기도를 하신 듯, 평온한 느낌이 나를 감쌌습니다. 꾸미지 말고 있는 그대로 준비해 달라 하신 교황의 말씀이 머리에 떠오르며 가슴을 때렸습니다. 제 방은 로마에서 교황이 사용하는 게스트하우스 마르타의 집보다 화려해 보였습니다. 그분의 검소한 삶을 알아보지 못하고 화려함으로 준비한 제 모습이 낯설게 느껴지며 부끄러웠습니다.

이주관 님 사진 제공

그리고 신학교를 떠나시며 헬리콥터에 오르시기 직전, 교황이 저에게 말을 건넸습니다.

"내가 네 방을 사용했으니, 방값을 지불하겠다."며 "어떻게 하면 좋겠냐?"고 환하게 웃었습니다. 저도 그분의 환한 웃음에 흠뻑 젖은 듯, 더불어 웃으며 "교황님! 그 방값은 제가 로마에 가면 갚아주세요."라고 대답해 주었습니다. 우리는 서로를 바라보며 한바탕 큰 소리를 내며 웃음을 터트렸습니다.

약자, 가난한 자에게 항상 넘치는 위트와 따뜻한 언어로 다가가 치유와 사랑을 베푸시는 교황의 모습은 그저 그냥 되어진 것이 아닐 것입니다. 그분은 홀로 있는 시간에도 흐트러지지 않는 절제된 삶을 살면서 하느님께 겸손하게 드리는 기도와 마음에서 우러나오는 온화함의 결과일 것입니다.

서구 여러 나라에서는 위트와 재치를 최고의 미덕으로 본다고 합니다. 상황이 힘들고 고난이 힘겨울지라도, 주위에 미소와 평화를 전해줄 수 있는 태도는 그냥 갖추어지는 것이 아닙니다. 그런 위트와 재치로 가득한 언행은 마음을 굳건하고 어려움을 기꺼이 받아 안으며 이웃에 대한 하느님의 사랑을 잘 알고 있기 때문에, 기꺼이 얼굴에 미소를 떠올리고 상대방에게 위트 넘치는 한마디를 건넬 수 있을 것입니다. 교황의 얼굴은 하느님의 마음입니다. 하느님은 늘 굳건히 우리 곁에서 미소와 평화를 보내십니다.

작은이들에 대한 깊은 사랑

교황은 작은이들을 아주 좋아합니다. 약하고 힘없는 사람 그리고 특별히 어린이를 매우 사랑합니다. 대전 월드컵 경기장, 서울 광화문 카퍼레이드 등 어느 곳이든 교황의 강복을 받고 싶어 아기를 들어 올리면, 어김없이 교황이 아이들에게 다가가는 모습을 볼 수 있었습니다. 그리고 보살핌 받아야 하는 어린 아이들을 예수님처럼 축복하고 안아주었습니다. 교황이 이렇게 작은이들을 축복해 주는 이런 모습에, 우리들은 교황의 존재 자체만으로도 치유가 되는 느낌을 받았습니다.

정말 아름다운 한 모습은 꽃동네를 방문한 교황이 보여준 한 장면이었습니다. 꽃동네에서 교황은 장애 어린이가 드린 꽃다발을 받아들고, 그 어린이에게 꽃다발을 성모님께 봉헌해도 좋을지를 되물었습니다. 그 후 교황은 선물 받은 꽃다발을 차분하게 성모님 앞에 바쳤습니다. 약한 이, 가난한 이, 작은이들에게 더 관심을 가지고 보듬어 안아주는 교황의 자비 가득한 마음이, 성모님 앞에 어린이처럼 기도드리는, 한없이 겸손한 모습으로 드러난 것입니다.

교황이 작은이들을 특별히 더 사랑하는 모습은 꽃동네를 방문했을 때에 더욱 드러났습니다. 교황은 신발을 벗고 들어가는, 한국의 방 문화에 익숙하지 않을 텐데도 중증 장애우 거주 시설인 희망의 집을 들어갈 때에는 입구에서 몸을 굽혀 신발 끈을 찬찬히 풀고 들어갔습니다. 그리고 장애 어린이들 한 명 한 명에게 손을 얹어 주며 진심으로 강복했습니다. 그 때, 자기 손을 깨무는 버릇이 있는 꼬마 아기가 교황의 눈에 띄었습니다. 그 아기는 자기 손뿐만 아니라, 수녀들과 봉사자들의 손을 어찌나 자주 깨물었든지, 다들 피하곤 하는 아기였답니다. 교황은 그 아기가 사랑에 목말라 있다는 사실을 알아차렸습니다. 교황은 그 아기에게 미소를 지어 보이며 아기의 손가락을 빼고 자신의 손가락을 입에다 넣어주었습니다. 아기가 손가락을 깨물었을 때 많이 아팠을 텐데도 전혀 내색을 하지 않았습니다. 어린이를 향한 사랑이었습니다.

아기는 하던 일을 계속하였습니다. 사실 아기는 성인 어른들과 달리 자기와 타인의 것을 구별하지 않습니다. 그저 하던 일을 계속할 뿐입니다. 배고프면 울고, 좋으면 웃고, 자기 손가락이 아니라고 해서 하던 일을 중단하거나 거부하지 않습니다.

종교는 이 아기처럼 '좋다', '안 좋다' 판단하지 않습니다. 그리스도교는 세상을 비추는 빛의 종교입니다.

성경은 한 처음에 "빛이 생겨라."(창세1,3) 한 것처럼, 빛으로 오신 예수님을 "모든 사람을 비추는 참빛으로 세상에 왔다."(요한1,9)고 소개합니다. 종말에 그리스도의 빛이 세상을 비추러 오십니다. 우리는 등불을 켜고 주님을 맞으러 나가야 합니다.(마태25,1) 빛은 사랑입니다. 판단하지 않고 그저 비춥니다. 아기는 입속에 넣으시는 교황의 손가락을 '내 것이다, 아니다, 옳다, 그르다'고 판단하지 않고 그저 좋아하는 손가락인 것에 마음을 다합니다.

교황 역시 어린이처럼 하던 일을 계속하는 모습을 보여주었습니다. 그런 모습은 버림받은 아이의 고통을 이해하지 않았다면 보여줄 수 없었던 일이었습니다. 그래서 아기의 입에 손가락을 넣어줍니다. 손가락 기도입니다.

교황은 누구의 시선도 개의치 않고 복음이 우리에게 요청하는 겸손과 관대한 태도를 보여주며 사랑의 길을 걷고 있습니다. 그리고 단순한 행동 하나, 말 한마디, 눈길 한 번이라도 하느님의 사랑을 필요로 하는 형제들이 있다면 주저 없이 그들에게 사랑의 손길을 건네고 있습니다.[1]

우리도 어린이와 같은 마음, 우리에게 모범을 보여주는 교황이 지닌 마음을 지녀야 합니다. 우리는 삶의 본질보다 방법에 집착하는 마음, 내 것 우리 것에 집중하는 마음, 옳다 틀리다 하며 다투고 경쟁하는 마음을 비워, 어린이와 같은 마음을 지녀야 합니다.

1_ 호르헤 마리오 베르골료, 한 사목자의 성찰 프란치스코 자비, 생활성서 2014. 11.

사람은 혼자서는 살 수 없습니다

프란치스코 교황은 교회의 장벽을 허물고 세상 밖으로 나가 대중과 소통하는 분입니다.

우리는 기존의 교황들에게서 익숙하게 보았던 방탄차를 프란치스코 교황의 한국 방문 동안에는 전혀 볼 수 없었습니다. 교황이 방탄유리로 둘러 싼 차 안에서 창문 밖으로 손을 흔드는 모습도 볼 수 없었습니다.

예기치 못한 사고를 우려하여 걱정하는 경호팀에게 그는 이렇게 말했습니다. "언제든 미친 사람이 있을 가능성은 있다. 그렇다고 벽으로 둘러 싸고 그 안에만 있다면 그게 더 미친 것이다." 게다가 이렇게 덧붙였습니다. "교회 밖으로 나가라. 밖에 나가면 거리의 사람들이 가끔 사고를 당하듯이 그런 사고를 당할 가능성이 있지만, 그렇다고 나가지 않으면 더 큰 병이 든다." 교황은 자신이 말한 것처럼 늘 거리에서 사람들을 만나 하느님의 사랑을 보여주었습니다.

교황을 보호하는 경호원들의 역할도 사람들의 접근을 막는 것보다 사람들이 교황과 더욱 잘 소통하도록 돕는 데 있었습니다. 교황의 손이 닿지 않은 곳에서 손을 내미는 아이를 보면 경호원들은 아이를 보듬어다가 교황의 강복을 받을 수 있도록 데려다 줍니다. 경호원들도 몹시 분주했습니다.

교황은 이동하려고 차에 타면 타자마자 창문부터 열고 창밖의 사람들에게 인사할 준비를 했습니다. 게다가 교황은 하루 일과를 마치고 숙소로 사용했던 교황대사관에 도착하여 차에서 내리자마자, 자신을 위해 운전해 준 기사와 경호원들에게 꼭 인사를 건넵니다. 항상 자기를 위해 수고해 준 모두에게 미소와 인사를 건넸습니다.

교황은 로마에서 바티칸 궁이 아니라 성녀 마르타의 집, 곧 게스트하우스를 사용하고 있습니다. 그는 마르타의 집에서 공동식당에 내려가 식판을 들고 줄을 서서 배식을 받아 여러 사람들과 함께 밥을 먹습니다. 그 이유에 대해 그는 "사람은 혼자는 살 수 없기 때문입니다."고 말하였습니다.

방한 기간 중에도 계속 그는 '사람은 더불어 살아야 한다.'는 메시지를 행동으로 보여주었습니다.

함께한 이들을 정성을 다해
축복하다

교황은 한국 방문 중 8월 15일에 대전가톨릭대학교를 방문하여 3시간 30분 동안 머물면서 아시아 청년들과 오찬을 함께 했습니다. 처음 오찬 일정이 확정된 후, 대학교 직원들은 수개월 동안 음식 준비 및 공간 정비 등을 위해 무척 분주한 시간을 보냈습니다. 드디어 8월 15일에 이르러, 교황이 대전가톨릭대학교에 방문하였을 때 교황의 말씀과 모습 그리고 맑은 눈빛과 환한 미소는 그 동안 고생하며 준비하던 우리 모두의 심신을 치유하고 위로해 주기에 충분했습니다.

교황이 대전가톨릭대학교 방문을 마치고 떠나기에 앞서 신학교 신부들 그리고 신학생들과는 정중하게, 수녀들과는 사랑스럽게 인사를 나누며 함께 사진을 찍었습니다. 수녀들은 내심 교황과 함께 사진을 더 찍고 싶었지만 교황의 눈빛은 이미 마당에 있는 직원들을 향해 가고 있었습니다. 한 수녀가 기회는 이때다 싶어 교황의 왼손을 꼭 붙들었습니다. 그런데 교황은 수녀의 손을 뿌리치려고 꿈틀거렸고 수녀는 더 힘을 주며 교황의 손을 자기 품으로 끌어당겼습니다. 교황은 살며시 수녀의 두 손을 빠져나왔습니다. 그것은 교우들에게 가까이 가기 위한 것이었습니다. 교황은 수녀들에게 더 함께 하지 못한 것을 미안해 하셨는지 "나는 수도자 여러분들의 영혼의 아버지입니다. 기도하겠습니다."라는 말씀을 남기고, 보이지 않는 곳에서 구슬땀을 흘렸던 직원들을 찾아 마당으로 나가 마치 오랫동안 함께한 가족처럼 시간을 나누었습니다.

평소에 변두리로 '나가라' 고 말씀하는 교황이 음지에서 애를 쓴 직원들과 함께하며 사진을 찍고 인사도 나누는 모습에서 교황이 늘 강조하는 '연대하라' 의 참모습을 느꼈습니다.

대전가톨릭대학교의 방문 일정을 다 마치고 떠나기 직전에 우리는 교황에게 두 가지를 부탁드렸습니다. 하나는 신학생들에게 좋은 말씀을 써달라고 부탁을 드렸고, 다른 한 가지는 교황 방문을 기념하는 돌을 축복해 주기를 청하였습니다.

교황은 정성을 다해 축복의 글을 쓰며 중간중간에 "신학교의 이름이 무엇이냐?", "교구의 이름이 무엇이냐?"고 묻곤 하였습니다. 그 후 교황은 한참 동안 고개를 들지 않고 무엇인가 열심히 썼습니다. 신학생들에게 하실 말씀을 스페인어로 모두 적은 다음, 통역을 맡았던 정제천 신부를 부르더니 한국어로 즉시 번역해 적으라고 하였습니다. 이런 배려는 소소한 일이라 생각할 수 있지만 평소 교황이 얼마나 사람들과 성실히 소통을 하기 원하는지 또 그런 일에 얼마나 성심을 다하는지 알 수 있는 일화였습니다. 신앙인인 우리는 약자와 빈자에게 더 진심을 다해 봉사해야 합니다. 우리는 사회의 보이지 않는 곳에서 자신의 일을 묵묵히 행하며 사회의 어둠을 밝혀주고 있는 사람들에게, 소외되어 외로운 사람들에게 더 가까이 다가가 그들의 마음을 사랑으로 보듬어야 합니다. 그

길을 교황은 묵묵히 가고 있었습니다. 우리에게 하느님과 함께 그 길을 같이 걷자고 요청하면서.

교황이 신학생들에게 써준 글은 아래와 같습니다.

대전의 성 요셉 신학생들에게,
교회에 대한 사랑과 섬김의 삶을 시작하면서
우리 주님 예수 그리스도께서 우리 각자에게 보여주신
사랑과 섬김의 길을 따르시기 빕니다.

-형제애를 담아
프란치스코
2014. 8. 15

천주교 대전교구 사진 제공

제2부

맨발로
우리 옆에 서서

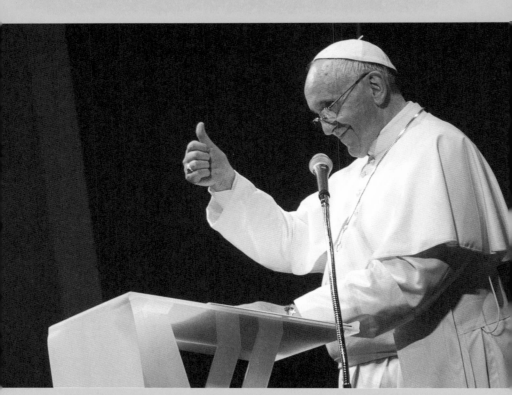

천주교 대전교구 사진 제공

고통을 마주하면 마음이 이끄는 대로

섬김은 그 뿌리가 겸손입니다. 우리가 마음을 비울 때, 비로소 우리가 행하는 봉사의 참 모습이 드러납니다. 교황의 일상을 보면, 교황은 마음과 정신뿐만 아니라 몸까지 내려놓으신 듯합니다. 교황께서 필자의 방에서 한 시간 넘게 휴식을 취하셨을 때에 어떤 흔적도 남기지 않았고 휴식을 취한 방을 처음과 똑같이 그대로 정리해 주었습니다. 이런 교황의 행동은 자신을 위해 고생하고 고통받는 사람들과 연대한다는 뜻에서 흐트러진 휴식의 표시를 남기지 않았다는 느낌을 저는 지울 수 없습니다. 저는 말끔히 정리된 필자의 방에서 교황이 남겨준 사랑의 향기를 진하게 맡을 수 있었습니다.

교황은 가난한 이, 어려움 속에 처한 이들과 대화하고 연대하는 소통의 아이콘입니다. 특히 어린이, 청년, 고통 중에 있는 이들, 약자, 가난한 이들 등 모든 이들과 격식 없이 만나고 그들에게 위로와 용기 그리고 희망을 함께 나눕니다. 소통은 언제 어디에서든 자신의 것을 '내어줌'으로써 세상에서 사람들과 더불어 살아가는 방식입니다. 그러므로 교황에게 소통이란 바로 '내어줌의 마음' 입니다. 교황은 시간과 공간을 상대방에게 내어주고, 그 시간과 공간에서 자신을 내려놓음을 통해서 이웃들에게 겸손의 향기를 풍깁니다. 이와 같이 우리를 감동시키는 교황의 소통은 자신을 내려놓는 일에서 시작합니다. 교황의 방한을 통해 많은 사람들이 감동하고 열광하는 원인은 교황이 이웃과 겸손하게 소통하는 모습에서 찾아볼 수 있습니다.

　　우리는 왜 세상에서 이웃들과 다정하게 소통하지 못하는가? 왜냐하면 우리가 사는 세상은 자신을 내려놓음보다는 다른 이들보다 더 높이 올라가려고 하는 데 익숙하기 때문입니다.

1950년 12월 23일 흥남부두철수에서 고통 속에 있는 자들을 앞에 두고, 마음이 이끄는 대로 한 사람들이 있었습니다. 그들은 군수물자와 병력만을 철수하는 원칙을 내려놓고 피난민을 철수시킨 장군, 군수물자를 버리고 정원의 260배 14,000명을 태운 화물선 빅토리아호의 선장, 한국전쟁을 위해 참전해 전사한 유엔군들입니다. 이 모든 것은 인간의 고통을 마주하면 마음이 이끄는 대로 하는 진정한 소통의 달인들이 보여준, 세상을 환하게 비추는 진정한 스타들의 모습입니다.

　　교황은 2014년 8월 어느 때보다 특별히 상실과 절망 그리고 슬픔 속에 있는 한국인들에게 희망의 빛을 환하게 비추는 축복을 선물한 착한 목자로 우리 곁에서 함께하였습니다.

"왜 세상에서는 경제적 어려움과 고통이 발생하는가?"

교황은 이런 질문을 던지며 다음과 같이 답변합니다. 그것은 건전한 노동이 아니라 탐욕적인 자본에 의해 재화가 생산되기 때문이라고 말합니다. 그는 "자유 시장으로 부추겨진 경제성장"(복음의 기쁨, 54항)을 강하게 비판합니다. 자유시장 경제는 바로 이웃을 짓밟는 배척의 경제요, 자본이라는 새로운 세상의 권력이 탐욕스럽게 행패를 부리기 때문이라며 다음과 같이 고발합니다. "배척된 이들은 더 이상 사회의 최하층이나 주변인이나 힘없는 이들이 아니라, 사회 밖에 있는 사람들입니다. 그들은 '착취된' 이들이 아니라 쫓겨난 이들, '버려진' 사람들입니다."(복음의 기쁨, 53항)

교황은 양산되는 고통과 희생을 강요당하는 사람들에 관해서 다음과 같이 원인들을 직시하고 있습니다.

"시장과 금융 투기의 절대적 자율성을 거부하고 불평등의 구조적 원인들에 맞서 싸움으로써, 가난한 이들의 문제가 근본적으로 해결되지 않는 한, 이 세상의 문제들 또 이와 관련된 문제들에 대한 어떠한 해결책도 실효성을 얻지 못할 것입니다."(복음의 기쁨, 202항) "우리는 더 이상 시장의 눈먼 힘과 보이지 않는 손을 신뢰할 수 없습니다."(복음의 기쁨, 204항)

교황은 "고통을 마주하게 되면 언제나 마음이 이끄는 대로 행동해야"한다고 말합니다. 저는 교황의 이런 마음이 그리스도의 마음, 곧 겸손과 섬김으로 인도하는 마음이라고 믿습니다. 교황은 겸손과 섬김 그리고 헌신이라는 마음의 공간에 내재되어 있는 하느님의 충만한 축복을 슬픔과 고통 속에 있는 모든 이들에게 나눠주십니다. 이런 교황의 마음이 세월호 유가족과 동행하게 한 마음이었습니다. 교황은 유가족들을 향해 "가슴이 아픕니다."라고 말하였고, 세월호 유가족에 대한 의견을 묻는 기자들에게 "고통 앞에서 중립적일 수 없다."라고 답변합니다. 교황은 위안부 할머니에게 허리를 굽혀 위로하고, 세월호 유가족들이 38일 간 900km를 지고 온 십자가를 바티칸으로 가져갔습니다. 그는 하느님이 자신의 마음을 이끄시는 대로 행동합니다. 믿음에 기초한 사랑입니다.

교황은 한국을 방문하는 일이 화려하고 번듯한 외적인 행사로 그치길 결코 바라지 않았습니다. 방한 목적이 아시아 청년대회 참석과 124위 시복미사 집전이었지만 정작 교황의 뜻은 고통 받는 사람들을 만나 그들을 위로하는 데 있었습니다. 그와 함께한 4박 5일 동안, 우리는 한국사회의 그늘지고 아픈 곳을 찾아가 그들을 위로하는 교황의 모습을 보았습니다. 저는 감격의 눈물이 가득한 눈으로, 세상의 가장 큰 위로는 맨발로 아픈 이의 옆에 서서 함께 슬퍼하고 함께 가슴 아파하는 데서 시작된다는 것을 직접 보았습니다.

그 동안 한국은 우리 국민이 일제강점기, 한국전쟁, 민주화운동을 거치며 불의와 부정이라는 적들과 싸웠던 전쟁터였습니다. 그 역사의 소용돌이에서 우리나라는 자비와 섬김보다는 권위와 경쟁에 지배되어 왔습니다. 그런 세월 속에 얼마나 많은 사람들이 가난과 역경으로 고통 받고, 얼마나 많은 사람들이 사회에서 소외되어 외로워했는지 모릅니다. 오늘날의 사회도 크게 다르지 않습니다. 효율과 결과만을 중시하고 물질을 숭배하는 사회 속에서, 가난하고 억압받으며 소외된 이들이 여전히 힘들어하고 있습니다. 빈부격차는 날로 커져가고 있으며, 법과 원칙에서 외면당하고, 정치적 목적에 의해 이용당하는 이들이 지르는, 고통으로 절규하는 외침에 우리의 귀청이 찢어집니다. 의로운 목소리는 잠시 사회에 반향을 일으켰다가도 쉽게 잊혀지고 맙니다.

교황은 이제 우리 믿는 이들에게 가난하고 소외된 이들을 위한 희망의 연대를 이룩하기를 촉구합니다. 낮은 이들부터 우선적으로 챙기는 교황은 법과 원칙, 공평과 효율 이전에, '사람'이 중심이고 인간애를 통해 정의도 평화도 가능하다는 메시지를 던져줍니다. 정의와 평화의 실현은 정치적 외침이 아니라, 하느님의 자비를 표현하는 다른 방식이고 고통 받는 이들을 섬김으로써 하느님의 사랑을 표현하는 실천 방식입니다.

예수께서 "안식일이 사람을 위하여 생긴 것이지, 사람이 안식일을 위하여 생긴 것은 아니다."(마르 2,27)라고 말씀하듯이 교황의

'사람 중심' 행보와 메시지는 주님을 많이 닮았습니다. "하느님은 사랑이시다."(1요한4,16)라는 성경의 뜻도 그 사랑의 첫 자리에 율법이 아니라 '사람의 인격'이 존재한다는 의미입니다. 모든 법, 규율의 목적지는 사람이며, 그 안에 그 법의 정신을 완성해야 합니다. 교황은 세상의 모든 규율과 법이 인간을 위한 하느님의 사랑을 실현하도록 봉사해야 한다고 말씀합니다.

정의의 실현을 적극적으로 실천하라는 교황의 메시지는 우리들에게 세상의 변방으로 나가라는 의미를 담고 있습니다. 그럼, 사회의 변두리는 어디일까요? 바로 세월호 참사, 강정마을, 용산 참사, 일본군 위안부 피해자, 장애우들 등등 우리 사회가 겪고 있는 문제들이 산적해 있는 고통의 현장입니다. 교황이 그런 현장을 향해 '나가라!' 촉구한 바는 그리스도인들이 방관적인 정치적인 중립을 떠나 고통의 깊은 현장으로 뛰어 들어가는 용기를 가져야 한다는 의미입니다.

교황은 "인간의 고통을 마주하게 되면 언제나 마음이 이끄는 대로 행동해야 합니다."라고 말하며 고통을 받는 이들과 함께해야 한다는, 가난한 이들에 대한 우선 선택의 당위성을 역설하였습니다.
"저는 사제입니다. 제가 드리는 그 어떤 위로의 말씀도 실질적인 치유를 가져오지 못한다는 것을 저는 알고 있습니다. 제 말이 죽은 이를 살릴 수는 없는 것입니다. 그러나 이러한 때에 인간적으로 가까이 다가가는 것이 힘을 줍니다. 여기에 연대가 지닌 가치가 있습니다."

이웃이 지닌 진솔한 마음을 담은 위로가 사람들을 연대하게 하고 고통 받는 이들이 고통에서 벗어날 수 있는 힘을 준다고 말하였습니다. 우리는 교황의 한국 방문을 계기로, 가난한 이들과 약자들과 함께 한마음으로 연대하는 것이 참사랑을 실천하는 길임을 배웠습니다.

게다가 섬긴다는 것은 찾아오는 이들을 친절하게 환대한다는 의미입니다. 예수님이 제자들의 발을 씻기 위해 몸을 낮추셨듯이, 우리도 가난한 이들, 고통 받는 이들 앞에서 몸을 낮추고 아무런 손익 계산도 두려움도 없이, 너그러움과 연민으로 그들의 손을 잡아주고 보듬어 주어야 합니다. 가난한 이들은 하느님께 대한 우리의 이해와 앎을 넓혀주는 특별한 스승이기도 합니다. 가난한 이들의 나약함과 단순함은 우리의 이기주의, 거짓된 안심, 자만자족하는 오만을 속속들이 들쳐 내어, 항상 우리와 가까이 있는 너그러우신 하느님을 체험하도록 우리를 이끌어 줍니다.[2]

2_ 참고: 줄리아노 비지니 엮음, 교황, 프란치스코, 자비의 교회, 바오로딸 2014. 256-257.

▎고통 속에 있는 세월호 유가족과의 동행

가슴이 아픕니다.
희생자들을 기억하고 있습니다

　교황은 한국 방문의 시작부터 방문을 마치고 로마로 돌아가는 마지막 순간까지 고통 속에 있는 이들, 상처 입은 이들을 섬겼습니다. 그의 4박 5일 방한은 시작부터 끝까지 세월호 희생자 가족들과의 동행이었습니다. 교황은 세월호 희생자 가족들을 한국사회에서 가장 고통 받는 이들이라고 봤기 때문입니다. 우리 한국사회는 실제로 2014년 4월 16일에 일어난 세월호 침몰로 고통받고 있었습니다. 사고로 인해 많은 젊은 희생자들과 희생자 가족들이 고통 속에 신음하고 있었습니다. 그들은 치료받고 위로받기를 원했습니다. 교황은 이들의 고통과 희생 앞에 진심을 다해 위로하였습니다. 교황은 세월호 유가족들을 직접 만나며 고통 받는 이들과 연대하였습니다. 교황은 단순히 정치적 제스처를 뛰어넘어, 진정한 휴머니즘 곧 따뜻한 인간성의 가치를 구현한 것입니다. 고통당하는 이들 앞에서는 이해관계를 따지지 말아야 하고, 그저 그들의 아픔을 함께 공감하는 것이 절실히 필요하다는 사실을 강조합니다. 교황은 그가 할 수 있는 모든 방법을 통해 세월호 희생자 가족을 위로한 것입니다.

교황이 처음 한국에 도착하여, 서울 공항으로 마중 나온 사람들에게 차례대로 인사를 나눕니다. 그 환한 미소를 지으며 일일이 인사하던 교황은 세월호 희생자 유가족을 소개받자 그 순간 세월호 희생자 가족들 앞에서 발길을 멈춥니다. 교황은 왼손을 가슴에 얹고 슬픈 표정으로 "가슴이 아픕니다. 희생자들을 기억하고 있습니다."라고 위로의 말을 건네며 다정히 두 손을 붙잡았습니다. 교황의 환영 명단에 포함된 세월호 침몰사고 희생자 유가족들은 남수현(가브리엘) 씨와 부인 송경옥(모니카) 씨, 박윤오(임마누엘) 씨, 김봉희(마리아) 씨 등 모두 가톨릭 신자였습니다. 유가족들은 교황을 환영하다가 왈칵 울음을 쏟아내었습니다. 가톨릭 신자로서 교황의 모습을 보니, 사랑하는 가족을 떠나보낸 고통이 되살아나 참지 못하고 울음을 터트린 것입니다. 유가족들이 아버지 교황께 기대어 위로받고 싶은 심정을 그대로 드러내 보이자, 이 만남을 보는 이들도 순간 숙연해졌습니다. 방한 기간 동안 가장 인상에 남는 장면들 가운데 하나였습니다. 이런 장면은 프란치스코 교황이 살아온, 자비로운 섬김의 모습을 보여주는 진솔한 장면일 것입니다.

고통 앞에서는 중립적일 수 없다

교황은 8월 15일 대전 월드컵경기장에서 거행된 성모승천대축일 미사에 앞서 세월호 가족들을 만났습니다. 세월호 유가족 대표들이 지난 2014년 5월 30일 서울대교구청 염수정 추기경을 통해 교황과의 만남을 요청했고, 이를 전해들은 교황은 기꺼이 그들이 더 많이 참석할 수 있도록 미사에 유가족들을 초대했습니다. 교황은 세월호 유가족들의 손을 잡아주었고 그들 머리에 손을 얹어 축복을 해주었습니다. 희생자와 실종자의 이름을 한 명씩 부르며 하느님께 내맡긴다고 기도했습니다.

유가족들이 실종자와 희생자들을 하느님께 의탁하며 기도하는 교황을 만날 때, 눈물을 흘리며 보여주는 그들의 얼굴 표정은 희생자와 실종자의 유가족들이 애끓는 고통 속에 한줄기 위안을 받은 표정이었습니다. 먼저 간 가족이 하느님의 품에서 평안하게 살 수 있음에 감사하는 안도의 한숨소리로 들렸습니다. 한 마리 잃은 양을 찾아가시는 예수님처럼, 고통 받는 이들을 향해 뚜벅뚜벅 걸어 나아가는 교황은 추상적이지 않은 언어로 고통 중에 있는 이, 그리고 힘 있고 책임 있는 이들로부터 외면당하는 작은이들을 껴안고 보듬어 줍니다. 교황은 일일이 유가족들에게 친히 손을 얹어 주었습니다.

세월호 희생 유가족들은 제의방에서 미사를 준비하는 교황에게 노란리본을 달아드렸습니다. 교황은 이 노란리본을 방한 기간 동안 계속 달고 방문 일정을 소화했습니다. 이 노란리본은 교황이 어디에 있든 늘 세월호 희생자를 위로하고자 하는 마음을 보여주는 상징이 되었습니다.

(교황께서 세월호 리본을 들어 보이시면서) 저는 이것을 달았습니다. 제가 반나절 정도 이것을 달고 다녔습니다. 저는 그들과 연대하는 마음으로 이것을 가슴에 달았습니다. 그런데 어떤 사람이 제게 다가와 이렇게 말했습니다.
"그것을 떼시는 것이 좋겠습니다. …… 성하께서는 중립을 지키셔야 합니다."
저는 이렇게 대답하였습니다.

"아닙니다. 제 말 좀 들어보세요.
인간의 고통에 관해서는 중립적일 수 없습니다,
저는 그렇게 느낍니다."

−8월 18일 바티칸으로 돌아가는
전세기 안 기자회견에서

십자가를 바티칸으로

성모승천대축일에 만난 세월호 유가족들이 지고 온 십자가를 전달받은 교황은 이 십자가를 바티칸으로 가져갔습니다. 2014년 7월 8일 단원고를 출발해 팽목항을 거쳐 대전으로 온 세월호 유가족 도보순례단이 38일 간 900km를 지고 온 십자가이었습니다. 유가족들은 이 십자가와 세월호 사고 해역에서 떠온 바닷물을 프란치스코 교황에게 전달했던 것입니다.

유가족들은 교황이 이 십자가를 바티칸으로 가져가 억울하게 숨져간 희생자들을 위해 기도해달라고 요청하였습니다. 교황은 이들의 요청을 기꺼이 받아들였습니다.

교황은 말씀합니다.

"기도는 교회의 허파입니다. 기도가 없으면 모든 활동의 열매를 맺지 못합니다. 하지만 사회적 투신이 없는 기도, 마음을 매만지는 따뜻함이 없는 복음화는 있을 수 없습니다. 기도가 중요하지만 사랑 없는 사적이고 개인주의적인 기도와 영성은 안 됩니다. 고통 속에 있는 사람들을 사랑하는 것은 우리를 사랑하는 하느님과 하나가 되는 영적인 힘입니다.

"이웃에게 눈을 감으면 하느님을 볼 수 없습니다."

또한 8월 17일, 교황은 세월호 희생자 이승현 군의 아버지 이호진 씨에게 직접 프란치스코란 이름으로 세례를 주며 고통 중에 있는 이들과 연대하였습니다.

세례를 베풀던 날, 채 동이 트지 않은 어스름한 새벽녘에 세월호 유족 이호진 씨와 자녀 둘이 주한 교황청대사관에 도착했습니다. 그들은 하느님의 자녀가 되기로 결심한 것입니다. 세례를 베푸는 교황은 묻습니다. "앞으로 복음에 따라 신앙생활을 열심히 하겠습니까?" 세례식을 집전한 교황의 물음에 이호준 씨는 "네"라고 대답했습니다. 고통 받는 이들에게 베푸는 교회의 사랑은 하느님의 사랑입니다.

교황은 그 자리에서 세월호 참사 실종자 가족들에게 보내는 서신과 묵주 선물을 전달했습니다.

슬픔 속에 연대하기를

시복식 전날까지 세월호 유가족들이 광화문광장에 세운 여러 동의 텐트는 시복식을 앞두고 철거될 예정이었습니다. 하지만 희생자 유가족과 가톨릭 교회, 정부의 합의 하에

We want the truth.
You love those suffering, Papa!
우리는 진실을 원합니다.
교황님께서는 고통 받는 이들을
사랑하십니다.

라는 문구가 새겨진 한 동의 텐트가 남겨졌습니다. 이 결과 또한 교황 방문이 이끌어 낸 의미 있는 연대의 모습이었습니다.

시복식 미사 당일에도, 124위 시복미사를 위해 이동하던 교황의 차량이 그렇게 광화문 광장의 끄트머리에 남겨진 세월호 유가족들의 천막 앞에 멈추어 섰습니다. 그리고 교황은 차에서 내려 세월호 특별법 제정을 요구하며 단식을 하고 있는 유족 김영오 씨의 손을 잡아주었습니다.

그뿐만이 아니었습니다. 교황은 로마로 떠나기에 앞서 아직도 팽목항에 남아 있는 실종자 가족들에게 편지를 남겼습니다. 전 국민이 지켜보고 있는 가운데 시복미사를 앞두고 교황은 유가족들과 '깊은 포옹과 인사'를 나눕니다. 그런 모습은 가난하고 고통 받는 이들을 사랑하시는 하느님의 사랑을 보여주는 순간이었습니다. 그 모습을 지켜보던 모든 국민과 신자들은 하느님께 감사하는 감정에 북받쳐 가슴이 갑자기 꽉 차는 듯했습니다.

교황의 가슴에는 노란리본 배지가 여전히 붙어 있었고 교황은 인사가 끝났음에도 400여 명의 유가족들을 한참이나 바라보고 나서야 자동차에 올랐습니다. 방한을 앞두고 유가족 천막의 철거에 대한 논란도 있었지만, 결국 시복미사에 참여한 100만 군중들은 이들의 세월호 천막을 가슴에 품은 채 시복미사를 드렸습니다.

"특별히 '세월호' 침몰 사건으로 인하여
생명을 잃은 모든 이들과, 이 국가적인
대재난으로 인하여 여전히 고통 받고 있는
이들을 성모님께 의탁합니다.
주님께서 세상을 떠난 이들을
당신의 평화 안에 맞아주시고,
울고 있는 이들을 위로해 주시며,
형제자매들을 도우려고 기꺼이 나선 이들을
계속 격려해 주시길 기도합니다.
이 비극적인 사건을 통해서
모든 한국 사람들이 슬픔 속에 하나가 되었으니,
공동선을 위해 연대하고 협력하는
그들의 헌신적인 모습을 확인할 수
있기를 바랍니다."

–8월 15일 대전 월드컵 경기장,
성모승천대축일 삼종기도 말씀에서

허리 굽혀 건네는 위로

교황은 마지막 순간까지 사회적 약자와 가난하고 소외된 이들을 보듬었습니다. 방한 마지막 날 교황은 명동에서 집전한 '민족의 화해와 평화를 위한 미사'에서 일본군 위안부 피해자, 쌍용자동차 해고노동자, 제주 강정마을 주민, 밀양 송전탑 건설 예정지역 주민, 용산 참사 피해자, 탈북자와 납북자 가족, 장애인 등 사회적 약자와 소외된 이들을 초대해 함께 미사를 봉헌했습니다.

교황은 예수께서 선포하신 하느님 나라에 어느 누구도 제외되지 않는다는 사실을 몸소 보여줍니다. 그 당대 유다이즘에 나타난 하느님은 자비롭고 용서하는 분이지만 예수에게는 단지 의로운 자들에게만 한정되어 있다고 간파하였습니다. 예수의 하느님은 모든 이를 구분하지 않습니다.

"그분께서는 악인에게나 선인에게나 당신의 해가 떠오르게 하시고, 의로운 이에게나 불의한 이에게나 비를 내려 주신다. 사실 너희가 자기를 사랑하는 이들만 사랑한다면 무슨 상을 받겠느냐?"(마태5,45-46)

예수의 설교에서 하느님 나라는 바로 '예수' 자신이라는 사실을 드러냅니다. 이처럼 교황 프란치스코 역시 누구도 예외 없이 하느님 나라에 초대된 사실을 사회적 약자와 소외된 이들을 만남으로써 그 나라를 드러냅니다. 교황 프란치스코는 움직이는 신약 성경의 복음 주석서입니다. 예수처럼 교황 프란치스코는 하느님의 사랑을 설명하기보다는 그 사랑을 실천합니다.

이날 명동성당 대성전 가장 앞줄에는 경기 광주시 나눔의 집에서 생활하는 강일출, 김복동, 이용수 할머니 등 7명의 일본군 위안부 피해자들이 자리했습니다. 할머니들은 고령인 탓에 의자 대신 휠체어에 앉아 있었습니다. 교황은 미사에 앞서 할머니들의 손을 일일이 맞잡고 강복했으며, 통역인 정제천 신부를 통해 할머니들과 간단한 대화를 나눴습니다. 교황은 허리를 굽힌 채 서 있었고 할머니들은 앉은 채 있었습니다. 그중 김복동 할머니는 교황이 다가오자 '희망 나비 배지'를 교황에게 전했고, 교황은 그 자리에서 제의에 배지를 달았습니다. '나비'는 일본군 위안부 피해자들과 모든 여성들이 차별과 억압, 폭력으로부터 해방돼 자유롭게 날갯짓하기를 염원하는 뜻을 지닌 상징물입니다. 교황은 노란 리본과 함께 나비 배지를 제의에 달고, 소외되고 고통 받는 이들을 가슴 깊이 위로하였습니다.

가장 낮은 곳에 임하신 하느님

8월 16일 오후, 교황은 헬기를 타고 충북 음성 꽃동네 '희망의 집' 앞 잔디광장에 내렸습니다. 전국 최대 종합복지시설인 음성 꽃동네 방문은 한국주교회의의 초청에 의한 것입니다. 주교회의는 교황에게 두 번 버림받은 장애아동 등 소외계층을 방문해서 꽃동네 장애인들에게 용기와 희망을 전해 달라고 요청했고 교황은 기꺼이 이에 응답하여 방문이 이루어졌습니다. '성모의 집' 장애아동 42명, '희망의 집' 장애어른 20명, '구원의 집' 노인환자 8명, 입양이 예정된 '천사의 집' 아기 8명과 수도자들은 교황의 방문에 대해 진심어린 환영을 표했습니다.

교황은 50여 분의 만남 시간 내내 꽃동네 측이 마련한 의자에 앉지 않고 사뭇 선 채로 장애 아동들의 공연을 관람하였습니다. 그는 이들의 얼굴을 어루만지고 이마에 입을 맞추며 기도해 주었고, 이들의 아픔을 사랑으로 일일이 어루만져 주었습니다. 교황은 자신 앞에 서 있거나 누워 있는 장애 아동·어른들, 그리고 신자들과 일일이 인사를 나누며 격의 없는 모습을 보여주었습니다. 교황은 장애 아이들에게 주님의 평화가 함께하시길 바란다는 간절한 기도를 여운처럼 남겨 주었습니다. 부모로부터 버림받고 다시 사회로부터 버림받은 장애인과 만나, 교황이 보여준 애정 어린 축복은 눈에 보이는 하느님의 사랑이었습니다. 가장 가난하고 소외된 사람을 만나 위로와 용기를 주고, 그들을 존경받는 인간으로 배려해 주는 것은 가장 낮은 곳에 임하신 하느님의 사랑, 바로 그것이었습니다.

이후 프란치스코 교황은 어머니 뱃속에서 생명을 잃은 태아들의 무덤을 방문했습니다. 태아의 무덤을 상징하는 하얀색 십자가들이 꽂혀 있는 꽃동네 태아동산에서 그는 침묵 기도(생명을 위한 기도)를 드렸습니다. 그리고 다음과 같은 말씀을 덧붙였습니다. "생명이신 하느님과 하느님의 모상을 경시하고, 모든 남성과 여성과 어린이의 존엄성을 모독하는 죽음의 문화를 배척하기를 빈다."

실제로 교황은 세계 최고 수준인 한국의 저출산 문제와 낙태율 문제를 언급한 바 있습니다. 어머니, 아버지가 자식에게 베푸는 헌신적인 사랑, 다 내어주는 사랑, 희생을 마다하지 않는 진정한 사랑은 하느님이 우리에게 주시는 사랑과 동일하다고 강조하였습니다. 교황의 이런 방문으로 인해, 우리는 다시금 생명의 소중함과 희생적인 사랑에 대해 반성하는 계기를 가졌습니다.

평화는 정의의 결과입니다

한국의 문화는 연장자들의 고유한 품위와 지혜를 잘 이해하며, 사회 안에서 그분들을 존경합니다.

우리 가톨릭 교우들은 신앙 때문에 순교한 선조들을 공경합니다.

그분들은 자신들이 믿고 따른 진리를 위하여 기꺼이 목숨을 바쳤기 때문입니다.

그분들은 온전히 하느님과 이웃의 선익을 위하여 사는 법을 우리에게 가르쳐 주었습니다.

평화란 무엇인가?

평화를 추구한다는 것은 화해와 연대의 문화를 증진시키고, 불신과 증오의 장벽을 허물어 가는 끝없는 도전입니다.

평화란 상호 비방과 무익한 비판이나 무력시위가 아닙니다. 상대방의 말을 참을성 있게 들어주는 대화를 통하여 이루어지는 것입니다. 그런 대화를 통해 평화를 이룩할 수 있다는 확고부동한 믿음이 그 평화의 주춧돌입니다.

평화는 단순히 전쟁이 없는 것이 아니라 '정의의 결과'(이사 32,17 참조)입니다. 그런 정의는 그냥 이루어지지 않습니다. 정의는 그 속에 포함된 하나의 덕행처럼 절제와 관용의 수양을 요구합니다.

3_ 공직자들과 만남, 2014년 8월 14일, 목요일

정의와 진보의 목적지, 가난한 사람

정의는 우리가 겪은 과거의 불의를 결코 잊어서는 안 되지만, 용서와 관용과 협력을 통하여 그 불의를 극복하라고 요구합니다.

점점 더 세계화되는 세상 안에서, 우리는 공동선과 진보와 발전을 단순히 경제적 개념으로만 바라보아서는 안 됩니다. 오히려 궁극적으로는 사람을 중심으로 이해해야 합니다. 사람이 인정받는 공동선, 사람이 배려되는 진보, 사람이 존경 받는 발전이어야 합니다.

사회 구성원 한 사람 한 사람의 목소리를 듣고, 열린 마음으로 소통과 대화와 협력을 증진시키는 것이 정의 구현에 대단히 중요합니다.

게다가 가난한 이들과 취약 계층 그리고 자기 목소리조차 내지 못하는 이들을 각별히 배려하는 것 역시 중요하게 여겨야 합니다.

소외된 그들의 절박한 요구를 해결해 주어야 할 뿐만 아니라, 그들이 인간적, 문화적으로 존경 받고 점점 나아질 수 있도록 도와주어야 합니다.

통일의 미래를 희망하다

우리 모두 하나가 되는 것은 주님께서 세상에서 하느님 아버지께 드린 마지막 청원기도였습니다. "그들이 모두 하나가 되게 해 주십시오."(요한 17,21) 우리가 살아가는 삶 안에서, 사람들은 서로 만남을 통해서 친교를 맺으며 마침내 도달하는 목적지가 있습니다. 그곳이 바로 일치입니다. 그런데 이토록 중요한, 하나가 되는 일치에, 사실 도달하기란 쉽지 않습니다.

교황은 남과 북이 함께 걸어야하는 일치에 대해서도 지혜로운 말씀을 남깁니다. 일치의 방법이 멀리 있는 것이 아니라 아주 가깝게 있고, 쉽게 찾을 수 있다고 말씀하였습니다. 교황은 남북한이 함께 하나의 언어를 사용하는 데서 일치의 희망을 보았습니다.

일치는 참으로 아름다운 것입니다. 철학자 아리스토텔레스는 일치란 인간 존엄성에 지극히 필요한 것으로, 우정과 자유 안에서 태어난다고 강조했습니다.

우리가 도달해야 하는 일치는 마음이 통하는 우정과, 인격적 능력처럼 갖춘 사랑 안에서 서로 하나가 되는 것을 의미합니다. 교황은 진정한 사랑, 자유로운 사랑에서 완전한 일치가 태어난다고 말씀하십니다. 이 같은 일치는 예수께서 우리에게 남겨준 선물입니다. 예수께서 수난 당하기 전에 아버지께 간절히 청원하는 기도 덕분에 그리고 제자들에게 '서로 사랑하라'는 유언을 남기고 십자가를 짊어지신 그분 덕분에, 우리에게 주어진 사랑의 선물입니다.

참으로 우리나라의 남과 북이 하나가 되는데 요청되는 덕목은 사랑하는 마음, 즉 가족 사이에서 볼 수 있는, 서로 믿고 사랑하는 마음을 발견하는 것입니다. 이 사랑은 하느님에게서 흘러나오는 삼위일체의 본질, 일치에서 그 원천을 찾아볼 수 있습니다.

예수께서는 스스로 섬김을 받아 마땅하다는 왕이라 불리길 원하지 않았습니다. 그렇듯이 예수는 본디 하느님의 아들이고 마침내 부활하심으로 그리스도 왕이 되지만 인간을 섬기려 오십니다. 예수님을 닮아, 교황도 섬기는 자로 사람을 대하고 친구로 부르셨습니다. 친구들은 같은 언어, 같은 생각, 같은 대화를 하는 데 익숙합니다. 교황은 그렇게 우리 남북이 한 가지 언어를 사용하기에 서로 친구가 될 수 있고 하나가 되는 통일을 이룰 수 있다는 희망을 제안합니다.

하나 되게 하소서

8월 15일 아시아 청년들과의 만남에서 우리는 교황에게 한국의 가톨릭 젊은이들이 북한을 어떤 마음으로 바라보고 북한을 위해서 무엇을 해야 할지에 대해 말씀해 주시기를 청하였을 때, 교황은 "제가 드릴 수 있는 조언은 지속적인 기도입니다. '주님, 저희는 한 가족입니다. 저희를 도와주십시오. 하나가 되도록 도와주십시오. 당신은 할 수 있습니다. 승자도, 패자도 존재하지 않습니다. 우리가 원하는 것은 한 형제가 되는 것입니다.' 라고 늘 기도하십시오. 한국은 하나입니다. 같은 언어를 말하고 있습니다. 바로 가족의 언어 말입니다. 이것이 희망의 첫 번째 요소입니다."라고 조언하였습니다.

또한 프란치스코 교황은 방한 마지막 날 '평화와 화해를 위한 미사'를 집전하기에 앞서, 염수정 추기경으로부터 가시면류관을 봉헌받았습니다. 이 가시면류관은 분단의 상징인 휴전선 철조망으로 만든 것으로, 한국 교회가 우리 민족의 아픔과 슬픔을 기억하고 민족의 화해와 일치를 위해 함께 기도한다는 의미를 담고 있습니다. 가시관이 들어 있는 받침대 가운데에는 '하나 되게 하소서' 라는 글이 라틴어로 적혀 있었습니다.

교황은 이날 미사에서 대립과 반목을 넘어선 용서야말로, 진정한 화해를 이루고 남북 통일과 한반도 평화를 이룰 수 있는 길이라고 강조합니다. 그는 한국 교회에 하느님의 마음으로 용서하고 기도할 것을 당부하였습니다. 게다가 교황은 남북의 인위적 분단 상황이 일치를 조금씩 이루어가는 모습으로 달라지길 기원했고, 하루빨리 평화통일을 이루기를 진심으로 바랐습니다. 그는 서로 용서하는 것이 통일을 향한 하나의 희망이자 약속이라고 말하였습니다.

한 가족인 형제는 때때로 서로 반목할 때도 있지만, 마음속으로는 항상 서로에 대한 깊은 사랑을 품고 있습니다. 형제는 언제든 용서의 손을 내밀면 곧바로 손을 맞잡고 형제애를 나눌 수 있어야 합니다. 분단 60년이 넘은 지금까지도 우리는 그들이 우리의 형제임을 잊지 않고 있습니다. 이제 우리는 남과 북이 형제로서 서로 용서하고 하나 될 때입니다. 하느님을 믿는 이들은 더욱 서로를 하느님의 사랑으로 품어야 합니다. 형제가 하나 된다는 것은 우리가 그들에게 무언가를 베푸는 것이 아닙니다. 가족은 품어 안아야 할 사랑의 대상이지 무엇을 베푸는 상대가 아닙니다. 교황은 남북이 하나가 되는, 새로운 희망의 길이 열릴 것이라 약속하였습니다.

영적인 성숙으로 미래를 열자

　교황은 방한 마지막 날 귀국길에 오르기 전 "한국 국민들이 역경에 굴하지 않고 이를 극복해 문화를 일으키고 산업발전을 이뤄 경제대국으로 성장한 것과 깊은 신앙심을 가지고 영적생활을 하고 있는 것에 큰 감동을 받았다."고 말씀하였습니다. 그는 주님께서 우리나라의 품위와 존엄성을 계속 지켜주시길 간절히 기원하였습니다.

　오늘날 우리 민족은 많은 갈등과 고난의 소용돌이 속에서 힘겹게 미래를 향해 나가고 있습니다. 그리고 많은 이들이 저마다 '이러한 갈등과 고난을 극복하는 길은 이것!' 이라며 큰소리를 치며 자신을 따르라고 외치고 있습니다. 그러나 우리는 실재를 이념으로 덧칠하려는 사람들, 곧 이론만 강조하는 지식인들이나 좋은 의도를 갖지 못한 윤리주의자들에게 현혹되어서는 안 됩니다. 오히려 우리가 한 민족으로서 지닌 깊은 품성과 지혜, 문화를 통해 서로의 갈등을 넘어서야 한다고 가르치는 사람들을 더 주목해야 합니다. 우리 민족의 고유한 품성과 문화야말로 우리를 변화시키고 하나 되게 하는 진정한 혁명의 원동력입니다. 우리에게 필요한 것은 반체제적 혁명이 아니라 우리 자신의 내적 혁명입니다. 우리가 사명에 충실하다는 것은 이런 마음의 '불씨' 를 잘 살리는 것을 의미합니다.[4]

4_ 참고: 호르헤 마리오 베르골료, 한 사목자의 성찰 프란치스코 자비, 생활성서 2014. 36-37.

교황은 성 요한 바오로 2세가 25년 전 한국을 방문하였을 때 한 말씀 중 '한국의 미래는 이 국민들 가운데 현명하고 덕망 있고 영적으로 깊이 있는 사람들이 얼마나 함께하느냐에 달려 있다.'를 상기시키며 한국의 밝은 미래를 위해 하느님의 축복을 기원하였습니다.

교황이 말한 '현명하고 덕망 있고 영적으로 깊이 있는 사람들은' 누구일까요? 종교인, 정치인, 교수 등 전문적인 일에 종사하는 자들이 아닐까요? 예를 들어 성당의 미래는 성당의 사목자들이 얼마나 함께하고, 수도자들이 얼마나 일치하며, 본당의 사목위원들이 얼마나 함께하느냐에 좌우된다는 것이 분명합니다.

대한민국도 마찬가지입니다. 현명하고 덕망 있는 사회지도자들이 각자 맡은 바 책임을 다하고 자신의 위치에 적합한 본분을 다하며 하느님의 말씀을 실천함으로써 그들을 따르는 이들과, 설령 따르지 않는다 하더라도 그런 이들까지도 영적으로 이끌어야 합니다.

구체적으로 사회지도자들은 남 · 북한이 한 민족으로서 지닌 깊은 품성과 지혜, 문화를 통해 갈등을 넘어서려는 '지표'를 세워야 합니다. 국민들은 잃어버린 형제를 찾는 마음으로 남북갈등은 물론 남남갈등을 해소하기 위해, 각자의 역할을 충실히 해나가야 합니다. 이렇게 우리 모두가 영적인 성숙의 토대 위에서 합심할 때 대한민국의 미래가 밝을 것입니다.

남북이 같은 언어를 사용하는 데서 통일의 희망을 느낀다

북한의 우리 형제들을 위하여 기도하십시오.

"주님, 우리는 한 가족입니다. 우리를 도와주십시오. 우리가 일치를 이루도록 도와주십시오. 주님께서는 하실 수 있으십니다.

승자도 패자도 없고 오직 한 가족이 되도록, 한 형제자매들이 되도록 해 주십시오."

이제 함께 기도하도록 초대합니다.

침묵 속에서 두 한국의 일치를 위하여 기도하도록 초대합니다.

이제 희망에 대해 말씀 드리겠습니다. 무엇이 희망입니까?

참으로 많은 희망이 있지만 아름다운 희망이 하나 있습니다.

한국은 하나이고, 하나의 가족입니다.

여러분은 같은 언어를, 가족의 언어를 씁니다. 여러분은 같은 언어를 말하는 형제들입니다.

성경에서 요셉의 형제들이 먹을 것을 사러 이집트에 갔을 때 그들은 굶주렸고 돈은 있었지만 먹을 것이 없었습니다. 양식을 사러 그곳에 갔을 때 그들은 형제를 발견했습니다! 어떻게 발견했을까요? 그것은 요셉이 그들과 같은 언어를 말한다는 것을 알았기 때문입니다.

5_ 아시아 청년들과 만남 2014년 8월 17일, 일요일

북한에 있는 여러분의 형제자매들을
생각하십시오. 그들은 같은 언어를 말합니다.
가족 간에 같은 언어를 쓸 때에는 인간적으로도
희망이 있는 것입니다.

제3부

순교자를 기리다

순교 선조들의 정신을 받들어

한국천주교회는 특이한 이력을 가지고 있습니다. 그것은 성직자와 선교사 없이 신자들에 의해서 세워진 교회라는 것입니다. 유학자들 가운데 남인(南人) 신서파(信西派)들은 서학을 공부하는 모임을 만들었으나 곧 신앙을 고백하는 모임으로 변화되었습니다. 그들이 갈망하는 시대적 요구는 조선후기 경직됐던 사회에서 인간들의 자유, 평등, 해방을 이루는 일이었습니다. 그들에게 이러한 갈망들을 제공해 준 책이 있었으니, 16세기 중국에서 이탈리아 출신 예수회 선교사 마태오 리치 신부가 쓴 『천주실의(天主實義)』였습니다. 그 밖에도 『성경직해광익』,[6] 기도서 등 중국에서 건너온 책들이 한글로 번역된 책들이 있었습니다. 그러면서 점차 학자들이 공부하고 믿던 그리스도교 신앙에서 온 백성들이 믿는 그리스도교 신앙으로 변화되고 확대되었습니다.

6_『성경직해광익』은 포르투갈 출신 예수회 선교사 디아즈(1574-1659) 신부가 1636년 북경에서 간행한 주일복음 해설서인 『성경직해』와 프랑스 출신 예수회 선교사 마이야(1669-1748) 신부가 1740년에 펴낸 주일복음 묵상서 『성경광익』을 모두 우리말로 옮겨 하나로 합한 책이다. 한글을 읽고 이해할 수 있었던 사람들은 『성경직해광익』을 직접 읽음으로써, 한글을 깨치지 못한 신자들은 들음으로써 '복음'을 받아들일 수 있게 된 것이다. 따라서 『성경직해광익』은 초기 교회 지도자들이 대부분 순교하는 신유박해 때까지 신자들의 신앙생활을 이끄는 신앙 서적 가운데 주요한 서적으로 손꼽혔다.

이와 같이 유학자들을 중심으로 한 신앙 연구와 실천 모임이 경기도 한양을 중심으로 이루어졌다면, 충청도와 전라도에서는 양반들과 서민, 천민, 남녀노소, 어린이 등이 교우촌을 형성하면서 신앙을 생활화하였습니다. 그리스도교 신앙은 점차 전국으로, 모든 세대로 활활 타오르는 불길처럼 번져갔습니다. 1984년 한국천주교 창립 200주년을 기념해 교황 요한바오로 2세에 의해 시성된 103위 성인들은 사실 한국천주교 역사에서 제3세대 인물들입니다. 교황 프란치스코에 의해 2014년 8월 16일 광화문 광장에서 시복된 124위 복자들은 그들보다 앞선 제2세대 인물들입니다. 그렇다면 저는 제1세대 한국 천주교 창립 주역들도 언젠가는 시복 시성의 은혜를 반드시 받게 되리라 믿습니다.

교황은 한국방문에서 솔뫼, 서소문, 해미 성지들을 찾아가셨습니다. 솔뫼는 조선 최초의 사제 김대건 안드레아가 태어난 곳이고, 서소문은 초기 신앙인들이 반역자로 지목받아 사형선고를 받고 순교한 곳입니다. 해미는 이름 없이 죽어간 무명 순교자들의 땅입니다. 교황은 한국 그리스도교 신앙의 뿌리와 현장을 직접 찾아간 것입니다.

교황은 124위 시복미사에서 순교는 "하느님을 사랑하고 이웃을 사랑하라는 이중 계명을 분리하는 데 대한 거부"라고 말씀하였습니다. 곧 그들은 하느님과 이웃을 참으로 사랑한 이들로서 순교자가 된 것이고, 그 순교자들은 하느님 말씀과 복음의 가치를 자신의 생활 안에서 살아간 분들이었습니다.

교황께서 한국 방문 중에 순교성지를 찾고 124위를 시복하신
데는 우리가 잊지 말아야 하는 또 다른 중요한 뜻이 감추어져 있
습니다. 바로 아시아 복음화를 위한 것입니다. 아시아에는 40억
이상의 인구가 밀집해 있지만 가톨릭 교우들은 3%에 지나지 않습
니다. 아시아에는 유럽과 미국 그리고 남미와 아프리카, 오세아니
아(26%)에 비해 상대적으로 많은 인구에 적은 가톨릭 신자들이 있
습니다. 교황은 내심 한국 교회가 순교성인들의 정신으로 아시아
의 새로운 복음화를 위해 뛰어들고 그 중심에 있기를 원하십니다.
실제로 교황 스스로가 원하고 결정했던 사목 방문지들이 많았지
만, 그 가운데 한국을 가장 우선적으로 찾아오셨습니다. 교황은
한국 교회가 순교자들의 신앙과 말씀을 충실히 살아가고 있는 모
습과 역동적인 힘을 보았습니다. 교황은 아르헨티나 부에노스아
이레스 추기경으로 계실 때부터 한국 사람들의 열정을 직접 체험
했습니다. 교황은 한국이 그 열정과 에너지로 힘을 받아 순교자의
정신으로 일어나 아시아를 비추기를 원하고, 아시아를 위한 복음
화의 디딤돌이 되어줄 것을 촉구합니다.

우리는 순교로 신앙을 지킨 조상들을 기억합니다. 우리가 자료를 통해 조상들이 죽기까지 신앙을 지킨 용기, 신앙 안에서 꿋꿋이 살아간 올바른 뜻, 그분들이 지닌 신앙의 열정과 힘을 볼 수 있습니다. 순교자들의 행적을 읽고 있노라면 주먹을 쥐며 하느님께 대한 신앙에 충실히 살려는 각오가 가슴에 벅차오릅니다. 순교자들의 신앙을 오늘날에 되살리고 싶습니다. 한국 교회가 처음 시작되던 때처럼 오늘날 우리도 복음의 가치를 현대 사회에서 실천하며 살아야 마땅합니다. 순교 조상들의 구체적인 삶을 찾아내 지금 여기에서 되살려 우리도 같은 신앙을 실천하고 싶습니다. 순교 신앙의 1세대, 2세대, 3세대 그리고 우리 세대 모두가 아시아를 향해 순교의 정신으로 하느님의 빛을 비추고 일어나야 합니다.

"일어나 비추어라! 순교자들의 얼이 우리를 비추고 있다."

한국의 베들레헴, 솔뫼 성지

    교황은 8월 15일 한국 천주교의 모태가 된 솔뫼 성지를 찾았습니다. 솔뫼 성지는 한국 최초의 천주교 사제 김대건(1821~1846) 신부가 태어나 신앙과 삶의 지표를 세운 곳으로 '한국의 베들레헴'이라고 불립니다. 교황은 기역자 모양으로 이루어진 김대건 신부의 소박한 생가에 들어선 후, 조용히 마루에 꽃을 헌화하였습니다. 이후 마루 앞에 놓인 의자에 앉아 마루 뒷벽에 걸린 김대건 신부 초상화를 한참 동안 바라보았습니다. 침묵 속에서 밝은 빛이 쏟아져 내리는 듯하자 교황은 조용히 기도를 시작했습니다. 고요하고 엄숙한 침묵이 주변으로 펼쳐졌습니다. 동행한 이들도 함께 따뜻한 침묵을 느끼며 기도하고 있었습니다. 기도가 끝나자 교황은 김대건 신부 초상화를 향해 고개를 숙이고 마당에 성수를 뿌려 솔뫼 성지를 축복하며 하느님께 감사드렸습니다.

교황이 이곳 솔뫼 성지를 방문하는 동안, 아시아청년대회 참가자들과 주민 그리고 신자 등 5만여 명이 '비바! 파파!'를 연호하며 교황을 열렬히 환영했습니다. 이에 교황은 환한 미소로 화답하며 그들에게 다가갔습니다. 환영 나온 이들의 손을 잡고 다정히 입을 맞추며 하느님의 따뜻한 사랑을 전했습니다. 생가 앞마당에 있는 방명록에 막 서명을 마친 교황에게 한 어린이가 은으로 만든 무궁화 꽃을 선물합니다. 그는 아이를 안아 올린 뒤 껴안고 그 환한 미소를 지으며 볼을 비볐습니다. 다정한 이 장면은 바라보는 이들이 하느님의 사랑과 자비를 느끼기에 부족함이 없었습니다. 모두 자신도 모르게 행복한 미소를 짓고 있었습니다,

솔뫼 성지는 4박 5일 방한 기간 중 교황이 한국 천주교의 역사와 마주한, 첫 번째 장소였습니다. 교황은 이곳 솔뫼 성지에서 우리의 신앙 선조들이 천주교의 불모지였던 조선 후기 사회에 어떻게 그리스도교의 자유와 평등 그리고 평화의 진리를 위해 목숨을 바치게 되었는지 이해하게 됩니다. 그는 한국 교회의 순교자들을 기리는 첫 발걸음을 시작한 것입니다.

교황께서 솔뫼 성지를 방문하고 있었을 때 있었던 일입니다. 교황의 솔뫼 성지 방문 동안 성 김대건 신부 생가 터 주변에 부모들과 어린이들이 많이 모여 들였습니다. 이 어린이들은 자녀를 갖지 못했던 부부들이 도보성지순례를 하며 간절히 드린 기도 덕분에 마침내 갖게 된 아이들이었습니다. 이 부부들과 자녀들이 교황의 솔뫼 성지 방문에 초대된 것입니다. 부부들은 하느님께 드린 기도 덕분에 은혜롭게 얻은 자녀들에 대해 남다른 감사의 마음을 지니고 있었습니다. 물론 이들 부모들도 아이들을 키우면서 속도 썩고 육아 비용으로 힘들어 하고 가끔은 실망하기도 했습니다. 하지만 이제 그들은 다시 한 번 하느님의 은총을 체험합니다. 솔뫼 성지를 방문한 교황께서 자신들의 아기들을 직접 축복해 주시는 체험을 한 것입니다. 그들은 교황을 통해서 하느님의 손길을 다시 한 번 확인하게 되자, 앞으로 더욱 열심히 자녀들을 잘 키워야겠다는 다짐을 하며 마음을 굳게 다잡았습니다.

솔뫼 성지를 담당하고 있던 신부는 교황의 방문을 마냥 기뻐합니다. 그는 준비하면서 어려움도 많고 몹시 힘들었지만, 교황을 만나 보는 것 자체로 모든 피곤함이 깨끗이 사라졌다고 합니다. 담당 신부의 행복한 얼굴에 미소가 가득했습니다. 신부는 미소 띤 얼굴, 다정한 눈빛을 간직한 교황의 모습에서 가득 묻어나는 다정한 사랑을 볼 수 있었답니다. 교황을 보는 것만으로 하느님의 현존을 느끼는 듯 많은 이들을 행복하게 해 주는 것을 보았다고 신부는 강조했습니다. 교황의 연민 어린 눈빛, 신자들과의 만남을 반가워하는 기쁨, 담당 신부는 어떻게 시시각각 교황의 모습이 친절하게 변할 수 있을까? 하며 감탄하기도 하였습니다. 어떤 이에게는 아버지 같다가도 어떤 이에게는 친구 같아 보였습니다. 어떤 이에게는 엄하기도 했다가 어떤 이에게는 곧 다정하게 대합니다. 신부는 어떻게 그렇게 모든 이들에게 매순간 어울리도록 자신을 즉시 준비시킬 수 있을까? 하며, 사목자인 자신의 생활을 반성하고 성찰하였다고 합니다. 이런 교황의 모습은 늘 하느님 앞에서 서 있는 듯이 생활하는 교황의 단순함에 기인합니다. 순간 순간 저절로 나온 다정한 표정과 친절한 모습은 늘 하느님의 현존을 느끼며 살아가는 데 익숙한 교황의 삶의 표현이라고 생각합니다. 신부는 그런 교황의 모습을 닮고 싶다고 고백합니다.

'소나무가 우거진 작은 동산'이라는 뜻을 가진 솔뫼 성지는 한국 최초의 사제인 성 김대건 안드레아 신부의 탄생지입니다. 증조부 김진후(1814년 해미에서 순교), 종조부 김한현(1816년 대구 관덕정에서 순교), 부친 김제준(1839년 서소문 밖에서 순교) 그리고 김대건 신부(1846년 한강 새남터에서 순교) 등 4대 순교자가 살던 곳입니다.

김대건 신부는 골배마실에서 신학생으로 간택되어 마카오로 유학을 떠납니다. 1845년 상해 김가항 성당에서 페레올 주교로부터 사제로 서품되었고, 그 해 10월 한국으로 귀국했습니다. 귀국 후 용인 일대에서 사목을 하다가 1846년 9월 군문효수형(목을 베어 높은 곳에 매다는 것)을 받고 새남터에서 26세의 나이로 순교하였습니다. 1984년 5월 교황 요한 바오로 2세의 한국 방문 때 김대건 신부는 성인 품위에 오르게 됩니다. [7-1]

7-1_ 출처 : 솔뫼성지, www.solmoe.or.kr

1906년 합덕 성당의 크램프 신부가 성 김대건 안드레아 신부의 순교 60주년을 맞아 생가 터를 고증했고, 1946년 순교 100주년을 맞아 순교 기념비를 세우면서 성지가 조성되기 시작했습니다. 1973년부터 솔뫼 성지의 성역화 사업이 시작되었고, 1982년 대전 교구는 순교자 신앙을 전하는 '솔뫼 피정의 집'을 건립해 솔뫼 성지를 '순교자 신앙의 학교'로 삼았습니다.

현재 충청남도 지정문화재 제146호로 지정된 솔뫼 성지는 1만여 평의 소나무 군락지와 더불어 김대건 신부의 생가, 기념관, 성당, 솔뫼 아레나(야외공연장 겸 야외성당) 등을 갖추고 있으며, 광활한 내포 평야의 한복판에 자리하여 한국천주교회 안에 영적인 양식을 공급하고 있습니다.[7-2]

7-2_ 출처 : 솔뫼성지, www.solmoe.or.kr

천주교 박해의 상징, 서소문 순교성지

8월 16일 방한 사흘째 일정을 시작한 프란치스코 교황은 시복식에 앞서 천주교 박해의 상징으로, 국내 천주교 박해의 아픔이 고스란히 남아있는 서소문 순교성지를 참배했습니다. 서소문은 200여 년 전 한국 천주교회의 초기 신앙인들이 반역자로 지목되어 사형선고를 받고 처형된 곳입니다. 교황이 서소문 순교 성지를 방문하는 자리에 특별한 이들이 함께 자리를 같이 했습니다. 서소문에서 순교한 이현(세례명 안토니오)의 후손인 이수진(피아체) 수녀, 홍낙민(루카) 후손 홍기홍(스테파노), 정약종(아우구스티노) 후손 정호영(클레멘스)과 윤지충(바오로) 후손 윤재석(바오로)을 비롯한 27명의 순교자 후손과 약현성당 신자 500여 명이 참석하였습니다.

프란치스코 교황은 성지에서 현양탑 앞 제대에 헌화하고 약 3분간 묵념하였습니다. 항상 온화한 미소를 지었던 교황의 얼굴도 묵념의 순간만큼은 경건한 슬픔에 싸였습니다. 성지 밖에서 교황이 헌화하는 모습을 지켜보던 시민들은 큰 소리로 '파파!'를 외쳤습니다. 주최 측에서는 성지의 의미가 퇴색되지 않도록 지나친 환호성을 자제해줄 것을 당부하기도 하였습니다. 신자들과 시민들은 교황의 서소문 성지 방문을 계기로, 메마르고 힘든 우리 사회에 교황의 메시지가 큰 위로가 되기를 바란다면서, 한마음으로 기도하였습니다.

이날 교황의 서소문 성지 방문은 시복 미사를 시작하는 첫 걸음이었습니다. 서소문 성지 방문 후, 교황이 지나가는, 시복식이 열린 광화문 광장까지의 길은 서소문에서 처형된 순교한 자들이 형조에서 끌려온 길을 거슬러 올라가는 여정이었습니다. 교황은 서소문 성지와 형장으로 끌려온 길을 되짚고, 신앙을 지키기 위해 목숨을 바친 순교 성인들에게 경의를 표했습니다. 교황은 조선시대 학자들이 서학 연구를 통해 자생적으로 신앙을 꽃 피운, 한국 천주교회사에서 신앙생활을 새롭게 배우게 됩니다.

교황은 한국의 유교문화가 어른을 공경하는 아름다운 모습을 지니고 있다고 강조하며 그리스도교 신앙인들도 순교하신 신앙 선조들을 공경하고 선조들의 아름다운 모습을 간직하기를 권고했습니다. 교황은 순교자들이 신앙생활에서 애덕의 중요성을 잘 보여주고 있다고 지적하고 이런 모습은 그리스도에 대한 그들의 증언이 순수성을 간직하고 있다는 증거라고 설명하였습니다. 게다가 교황은 순교자들의 애덕이 세례 받은 모든 이가 동등한 존엄성을 지니고 있다는 점을 잘 깨달아 알고 있음을 증거한다고 강조했습니다.

공자는 인(仁)으로 예(禮)를 해석하여, 사회의 외적 규범을 성실히 지킴으로써 사회 구성원들의 내재적인 애덕을 자각하도록 하였습니다. 유교의 인(仁)이 갖는 가장 기초적인 함의는 혈연간의 유대가 우선합니다. 부모에게 효도하고 형제간에 우애하는 것이 중요합니다. 예수도 혈연간의 유대를 강조합니다. 하지만 그 범위를 인류에게 확대합니다. 예수는 유교의 측은지심으로 병자를 치유하고 가난한 자를 대하며, "네 이웃을 네 자신처럼 사랑하여라"(마태22,39)고 말씀합니다. 예수께서 십자가에 달려 세상을 떠날 때 제자에게 "이 분이 네 어머니시다."라고 말씀하시고 어머니께는 "이 사람이 어머니의 아들입니다."(요한 19,26)라고 말씀하셨습니다. 예수께서는 인간에 대한 사랑과 존경이 혈연을 넘어섭니다. 예수의 사랑은 혈연 안에서 태어나고 활동하다 마지막에 혈연을 넘어서지만, 새로운 혈연 안에서 세상을 떠났습니다. 예수의 가르침과 행보는 유교적 가르침이 충분히 실현되는 그리스도교적 가치를 증거합니다. 그러므로 우리는 초기 한국 천주교회의 선조들을 유교적인 그리스도인이라고 부를 수 있습니다.

한국 천주교회는 자생적인 교회로서 신앙을 위해 박해를 이겨 낸, 순교적 신앙의 전통을 간직하고 있습니다. 서울 대교구 서소문 순교성지는 103위 성인 가운데 정하상, 유진길, 남종삼 등 지도자급 평신도 순교 성인 44위를 탄생시킨 한국 최초의 성지입니다.

'서소문'은 서울의 여러 성문 중 광화문과 더불어 시체의 운반이 허용된 곳이었습니다. 제1사형장 새남터와 제2의 사형장 당고개는 주요 사형수들을 처형하는 곳이었고, 일반 죄인은 모두 이 서소문 밖 사거리에서 참수되었습니다. 조선시대 천주교에 대한 박해가 일어나자, 의금부나 포도청에 붙잡힌 천주교 신자 중 배교(背敎)하지 않은 자들을 이곳으로 이동하여 학살하였던 것입니다. 게다가 옥사한 이들의 시체를 내다 버리는 통에 시체가 산적해 있었다고 합니다.

그때 신자들의 참형은 이런 모양이었습니다. 신자들은 십자가에 팔과 머리털을 잡아매고 발밑에는 발판을 놓아 발로 서 있게 한 다음, 가파른 언덕 위 서소문에 이르면 회자수(劊子手)는 갑자기 발판을 빼버립니다. 신자들은 양팔과 머리털만 대롱대롱 매달린 꼴이 됩니다. 우차꾼은 소를 몰아 곤두박질해서 언덕을 내려가게 했습니다. 길은 울퉁불퉁하고 돌이 많으므로 우차는 마구 뛰어올라, 양팔과 머리털밖에 매달려 있지 않은 자의 몸은 격심한 반동으로 말할 수 없는 고통을 당했습니다. 언덕 아래에는 형장이 있었습니다. 군사들이 신자들을 십자가에서 끌어내려 옷을 벗긴 다음 회자수가 머리를 붙잡아 나무토막 위에 대놓고 그 목을 벴습니다.

'새남터' 성지가 성 김대건 안드레아 신부를 주축으로 한국 교회의 발전을 위해 공헌을 한 성직자들의 순교지라 한다면, '서소문 밖 사거리' 성지는 자발적인 노력으로 교회를 세우고 신앙을 실천했던 평신도들의 순교지라 할 수 있습니다. 신유박해 때, 우리나라 최초의 영세자 이승훈 베드로를 비롯하여 정약종, 최창현, 강완숙 등 초기교회의 대표적인 평신도 지도자들이 순교의 피를 흘렸습니다. 이어 기해박해 때 한국 최초의 신학생이며 조선 교구 설정의 주역인 정하상을 비롯하여 유진길, 김제준, 정정혜, 현경련 등 무수한 평신도들이 이곳에서 참수되어 순교했습니다. 이때 순교의 화관을 받은 순교자 가운데 41위가 시복 시성의 칭호를 받았습니다.

　한국 천주교회가 세계 교회사적으로 경이의 대상이 되고 있는 것은 평신도들의 학문적인 연구로 신앙을 찾았고 자발적인 노력으로 교회를 세웠기 때문입니다. 게다가 박해를 무릅쓰면서까지 천주(天主)를 증거하고 신앙을 실천하는, 기적적인 교회 창립의 역사를 간직하고 있기 때문입니다. 그런 의미에서 한국 천주교회를 이끌었던 대표적인 평신도 지도자들과 무수한 신앙인들이 권력자들의 폭력 앞에서도 꿋꿋이 천주께 대한 신앙을 증거한, 그리고 마침내 순교의 피를 뿌린 서소문 밖 성지는 한국 천주교회의 정신적인 보고라 할 수 있습니다. 이곳 순교 성지는 한국 천주교회의 신앙 모습과 위상을 올바로 이해하기 위해서는 꼭 필요한 성지입니다. 우리 교회는 새로운 관심과 정성을 기울여 이 순교 성지를 잘 가꾸고 보존하며 순교자들의 신앙생활을 면밀히 연구해야 할 것입니다.

서소문 순교성지에 대한 관심은 한국 천주교 창립 200주년 기념사업의 하나로, 시성식을 준비하면서 되살아났습니다. 1984년 12월 22일 임송자(리타) 작가가 제작한 서소문 순교자 현양탑을 건립함으로써 서소문 성지 조성 사업의 첫걸음을 내딛었습니다. 한편 1891년 박해가 끝났을 때, 교회의 전통에 따라 서소문 성지가 내려다보이는 언덕 위에 순교자들의 넋을 기리고 순교 정신을 본받기 위해 약현성당이 세워졌습니다. 이후 교회의 발전 속에서 약현성당은 90여 개 성당의 모태가 됐습니다.[8]

8_ 출처: 매일종교신문

이름 없는 순교자들의 성지,
해미 순교성지

　방한 나흘째인 17일 프란치스코 교황은 충남 서산 해미읍성(해미 순교성지)을 찾았습니다. 그곳에서 교황은 아시아 주교들과 오찬을 함께하고 잠깐 휴식을 취한 다음, 대전 교구장 유 라자로 주교 등과 함께 해미성지를 참배하며 순교자들을 기렸습니다. 해미 성지는 1866년 병인박해 이후 1882년까지 이어진 천주교 박해 당시, 이름 없는 수천여 명의 순교 선조들이 '천주학 죄인'으로 생매장당한 순교지입니다. 이곳에는 '여숫골' 이라는 표석이 있는데 이는 천주교 신자들의 '예수 마리아!' 라는 기도 소리를 '여수머리'로 잘못 알아들었던 것에서 유래합니다.

　해미 성지를 축복하는 동안, 교황은 이곳에서 순교한 이들은 신분이 낮은 사람들이고 기록도 없고 이름도 없는 이들이라는 설명을 듣자, 교황은 놀란 표정을 짓고 "이름도 없이" "이름도 없이"를 계속 되뇌었습니다. 게다가 예수 마리아 이름을 부르는 죄인들을 꽁꽁 묶어 물속 둠벙에 빠뜨려 죽이는 수장과 돌다리 위에서 죄수의 팔다리를 잡고 들어서 메어치는 자리개질을 해 사람을 죽였다는 것을 전해 들었습니다. 교황은 참혹한 순교 사실에 당황하며 고개를 떨구고, "그렇게 참혹하고 잔인할 수가 있을까?"라고 작은 목소리로 탄식하였습니다.

교황은 해미 성지를 방문하며 이름도 없는 신앙 선조들의 삶에 깊은 경의를 표하였습니다. 온전히 하느님과 이웃의 선익을 위해 성실히 살았던 복음의 증인을 항상 기억하자고 우리에게 당부했습니다. 현재를 살아가는 신앙인들은 그들을 결코 잊어서는 안 된다고 말했습니다. 그리고 교황은 이렇게 덧붙였습니다. 현대를 살아가는 우리들이 순교자들의 모범을 따르고 주님의 말씀을 그대로 받아들여 믿는다면, 순교자들이 죽음에 이르도록 간직했던 신앙의 그 숭고한 자유와 기쁨이 무엇인지 마침내 깨달아 알게 될 것이라고 말했습니다.

속칭 '해뫼'라 일컬어지는 해미 고을에서는, 진영장(鎭營將)이 내포 일원의 해안 국토수비라는 명목으로 국사범을 독자적으로 처형할 수 있는 권한을 가지고 있었습니다. 이런 이유로 해미 순교지에서는 다른 어느 순교성지보다 많은 천주교 신자들이 처형되었던 것입니다. 병인 대박해 때 조정에 보고된 해미 진영의 천주교 신자 처결의 숫자가 1천여 명으로 기록되고 있지만, 그 이전 80여 년 간에 걸친 해미 진영의 지속적인 천주교 신자 처결의 숫자는 수천명일 것으로 추정됩니다. 해미 진영의 서문 밖은 항상 천주학 죄인들의 시체로 산을 이루고 그 피로 내를 이루었다는 기록도 남아 있습니다.

해미진영 서문 밖에서 그들은 교수, 참수, 몰매질, 석형, 백지사형, 동사형 등으로 죽어갔습니다. 그러다가 더욱 잔인한 방법이 고안되기도 했습니다. 돌다리 위에서 죄수의 팔다리를 잡고, 들어서 메어치는 자리개질이 고안되어, 더욱 잔혹하게 죄수들을 죽이기도 하였습니다. 게다가 여러 명을 눕혀 놓고 돌기둥을 떨어뜨려 한꺼번에 죽이기도 하였는데, 혹시라도 꿈틀거리는 몸뚱이가 있으면 횃불로 눈알을 지져대기도 하였답니다.

1866년 병인년으로부터 1868년 무진년에 이르는 대박해 때는, 해미 진영의 서녘 들판에 십수명씩 데리고 나가서 아무 데나 파기 좋은 곳을 찾아 큰 구덩이를 만들어 산 사람들을 밀어 넣고 흙과 자갈을 덮어 산 채로 묻어버렸습니다. 교회가 이곳을 순교지로 인식하기 전까지만 하더라도 농부의 연장 끝에 걸려 하릴없이 버려지던 뼈들이 많았다고 합니다. 이때 캐어내던 뼈들중 어떤 것들은 수직으로 서있는 채 발견되었는데, 이것은 죽지 않은 상태인 사람을 생매장하였다는 증거입니다.

해미 일대에는 순교지이기에 나온 지명들이 여럿 있습니다. 예를 들어, 생매장형이 시행되면서 개울 한가운데에 천주학 죄인들을 꽁꽁 묶어 물속에 빠뜨려 죽이는 둠벙이 있다고 하는데, 해미 지역 외인들이 "죄인 둠벙"이라 불렀고 현재는 이름조차도 변해 "진둠벙"이라 불리고 있습니다.

또한 생매장 순교를 당하던 선조들이 '예수 마리아!' 라고 올린 간절한 기도가 '여수머리' 로 들렸기 때문에 주민들은 이곳을 '여숫골' 이라 불렀습니다.

해미 순교성지는 해미천을 따라 기다란 모양으로 약 28,400㎡의 부지에 기념 공원 형태로 조성되어 있습니다. 천변의 특성상 지대가 낮고 평평한데 순교를 기념하는 여러 가지 건축물과 조형물, 그리고 유적들이 널리 분포해 있습니다.

1985년 4월 해미 본당이 창설된 후, 2003년 6월 기념 성전을 건립해 순교자들의 유해를 모아놓고 있습니다. 성지의 서쪽에는 천주교 진둠병 순교지와 해미읍성 형장 길의 자리개돌 그리고 순교자 무덤 등 순교 유적 및 유물이 보존되어 있습니다. 성당 뒤편으로는 순교자의 무덤을 형상화한 원형 모양의 기념관이 있는데 기념관 내부에는 순교 기록화와 조각이 설치되어 있고 해미 순교성지에서 발굴된 순교자 유해도 안치되어 있습니다.[9]

9_ 출처 : 해미순교성지 www.haemi.or.kr

교황이 해미 성지를 방문하는 동안 재미있는 에피소드가 있었습니다. 교황의 성지 방문을 준비하던 담당 신부는 그 동안 TV매체를 통해 방명록에 작은 글씨로 서명하는 교황의 모습을 미리 보아 알고 있었습니다. 그래서 신부는 일종의 잔머리(?)를 굴려 의미 있는 서명을 받으려는 요량으로 교황의 깨알 같이 쓴 이름 보다는 몇 마디 좋은 말씀을 얻어내기로 하였습니다. 담당 신부는 교황을 위해 방명록 위에 영어로 '좋은 말씀을 부탁한다'고 써놓았던 것입니다.

이렇게 부탁을 받은 교황은 방명록 서명에 앞서서 한동안 깊은 묵상을 하고는 돋보기를 꺼내 썼습니다. 그리고 교황은 영어로 서너 마디를 남겼습니다. 교황은 자기 스타일의 서명을 유지하면서도 상대방이 요청을 하면 신중하게 응하는 자상한 분이었습니다.

교황은 5시간이 넘는 해미 성지 방문 동안 한결같은 모습을 취하였습니다. 서두름이 없이 찬찬히 다니면서 안내하는 대로 따라갔습니다. 사람이 많아도, 빨리빨리 서두르지 않았고, 분주함으로 서두르지 않았습니다. 저는 이런 교황의 모습을 지켜보면서 그를 만나고 싶어하고, 그를 필요로 하는 곳이면 어디든지 갈 수 있는 분이라고 느꼈습니다.

사람들은 이구동성으로 교황의 시선에 대해 말을 합니다. 교황의 얼굴은 노구이지만 그 시선과 눈빛은 노인의 것이 아니었습니다. 그는 맑고 그윽한 눈으로 모두를 자상히 살피고, 급하지 않고 차근차근하게 한 사람 한 사람을 진심으로 바라보았습니다.

빨리빨리를 외치며 분주하게 움직이는 우리 사회의 성급함이 교황의 표정과 시선 앞에서 차분한 여유를 되찾았으면 좋겠습니다.

순교자의 땅에서 거행된 시복미사

"사도의 권위로 공경하는 하느님의 종들, 윤지충 바오로와 123위 동료 순교자들을 앞으로 복자라고 부르고 법으로 정한 장소와 방식에 따라 해마다 5월 29일에 그분들의 축일을 거행할 수 있도록 허락합니다."

한국 천주교 역사에 길이 남을 미사, 프란치스코 교황이 집전하는 '윤지충 바오로와 동료 순교자 123위' 시복 미사가 8월 16일 오전 10시에, 80만 명이 넘는 관중과 전 세계의 이목이 집중된 가운데 광화문 광장에서 거행되었습니다. 이날 순교자 124위 시복식은 한국 천주교회 역사상 세 번째로 열리는 시복식이었습니다. 통상 시복미사는 바티칸에서 교황청 시성성 장관 추기경이 교황을 대리해 거행하는 것이 관례였습니다. 교황이 순교자의 땅에 방문하여 직접 시복미사를 거행하는 것은 매우 드문 일이었습니다. 일제 강점기인 1925년(79위)과 제2차 바티칸 공의회 직후인 1968년(24위)에 열린 시복식은 모두 로마에서 열렸습니다.

천주교 대전교구 사진 제공

교황은 미사 집전에 앞서 한국 천주교 박해의 상징인 서소문 순교 성지에 들러 헌화와 기도를 한 후에 30분 간 카퍼레이드를 하며 신자들과 시민을 만났습니다. 그런 뒤 교황이 '광화문 광장' 북쪽 끝 광화문 앞에 설치된 제대에 오르자 공동 집전자인 서울대교구장 염수정 추기경과 교황청 국무원장 피에트로 파롤린 추기경이 프란치스코 교황의 양 옆에 자리했습니다. 교황을 비롯한 주교단과 사제단은 순교를 상징하는 붉은색 제의와 영대(목에서 무릎까지 걸치는 띠)를 입었습니다. 교황이 제대 앞에서 성호를 긋고 죄를 반성하는 참회 예식과 자비송을 바치기 시작했습니다. 마침내 감격스럽게도 시복 예식이 시작된 것입니다.

한국 천주교를 대표해 한국천주교 주교회의 시복시성주교특별 위원회 위원장 안명옥 주교가 "윤지충 바오로와 동료 순교자 123위를 복자 반열에 올려 주시기를 청원합니다."라며 시복 청원을 한 뒤, 124위 순교자 시복을 위한 로마 주재 청원인으로 일해 온 김종수 신부가 순교자 124위의 약전(略傳·소개문)을 낭독했습니다.

이어 교황은 라틴어로 한국의 순교자 124위를 복자로 선포하는 선언문을 천천히 또박또박 낭독했습니다. 교황이 시복 선언을 하자 감격에 겨운 박수와 환호성이 여기저기서 터져 나왔습니다. 교황의 시복 선언에 이어 124위 복자화가 공개됐습니다. 대한민국 역사박물관 외벽에 걸린 가로 3m, 세로 2m의 복자화 '새벽 빛을 여는 사람들' 은 천주교 신자인 김형주 화백의 작품으로, 신약성경의 요한 묵시록을 모티브로 삼아 순교자의 모습을 묘사한 그림입니다.

교황은 시복미사를 통해

"순교자들의 유산은
이 나라와 온 세계에서 평화를 위해,
그리고 진정한 인간 가치를 수호하기 위해
이바지하게 될 것"

이라고 메시지를 전했습니다. 한국 천주교회사에 길이 남을 역사적 순간은 이렇게 경건하게 치러졌습니다.

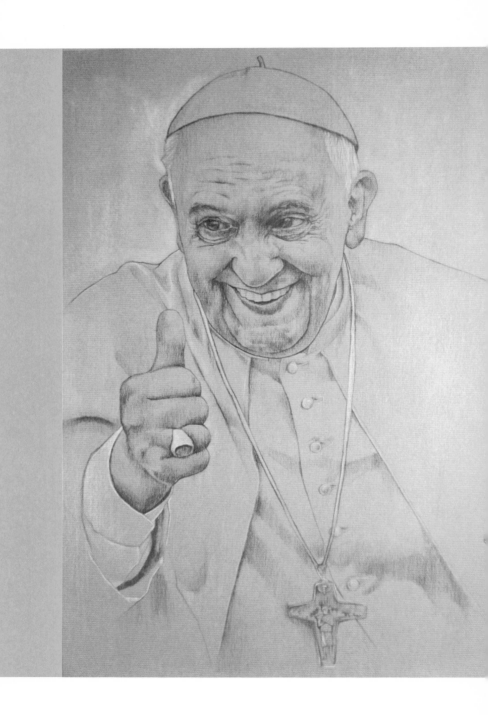

파파, 고맙습니다!
환영합니다! 사랑합니다!

교황이 한국천주교 순교자 124위의 시복미사를 집전하는 동안, 서울 광화문광장을 비롯한 주변 도로에는 80만여 명의 구름 같은 인파가 몰려들었습니다. 시복미사가 열린 광화문광장에서 시청 앞까지 이르는 방호벽 안에는 미리 초청받은 17만 명의 신자들이 새벽부터 꽉 들어찼고, 주변 도로와 찻집 등은 초대를 받지는 못 했지만 먼발치에서나마 교황을 보려는 신자와 시민들로 북새통을 이뤘습니다.

시복미사에 참석한 많은 이들은 낮은 자의 편에서 슬픔과 고통을 함께하는 교황의 위로를 느끼고 싶었습니다. 교황을 바라보는 신자들의 눈에서 그런 간절한 마음이 느껴졌습니다. 이들은 교황의 승용차가 모습을 드러내자 벅찬 감격에 '파파!'를 연호했고 감동으로 북받쳐 눈물을 흘리기도 했습니다. 밤을 새가며 전국에서 모여든 시복식 참가자들은 "비바 파파!" "교황님 고맙습니다, 환영합니다, 사랑합니다."라고 외치며 하얀 수건을 쉼 없이 흔들었습니다. 교황 역시 시민들의 얼굴을 한 명이라도 더 보려는 듯 손을 들어 화답하였습니다. 교황은 어린이들이 보이면 주저 없이 차를 세워 어린이들을 안고 이마에 입을 맞췄습니다. 그런 교황의 인자한 모습은 감동어린 박수와 환호성을 자아내게 했습니다.

교황은 4박 5일 방한 기간 동안 늘 그렇게 해왔듯이, 이날도 '하느님은 빈자와 약자의 편'이란 것을 보여줬습니다. 교황은 카퍼레이드 종점인 제단을 지나쳐 서울광장으로 방향을 튼 뒤 시복식에 참석한 세월호 참사 유가족 400여 명 앞에 차를 세워, 진실규명을 위한 특별법 제정을 요구하며 34일째 단식 중인 김영오 씨의 두 손을 맞잡고 위로해 주었습니다. 교황는 여전히 제의 왼쪽 가슴에 세월호 참사 희생자들을 추모하는 노란 리본을 달고 있었습니다. 세월호 유가족들은 교황의 위로에 흐느끼며 뜨거운 눈물을 멈추질 못했습니다. 가슴 뭉클한 장면이었습니다. 교황을 바라보는 많은 이들의 가슴을 적시는 것은 하느님의 사랑이었습니다.

이날 제단은 성인 남성의 신장 정도인 1.8m 높이로, 광화문광장부터 서울광장까지 80만여 명이 운집하는 대규모 미사를 감안할 때 육안으로 보기에 다소 낮게 제작된 것입니다. 제단이 이렇게 낮은 것은 최대한 가까이에서 신자들과 시민들과 눈높이를 맞추고자 하는 교황의 뜻이 반영되었기 때문입니다. 통상 다른 행사에서는 무대 앞쪽에 주요 내외빈들이 자리하는 것이 보통입니다. 시복식이 이와는 달리, 제단 맨 앞쪽에 전국 각지에서 상경한 장애인 1,000여 명이 자리했습니다. 장애인을 비롯한 우리 사회의 힘없고 소외된 이들은 가까이에서 바라보는 교황의 모습에 기쁨과 감격을 감추지 못했습니다. 농아인들은 미사가 시작되자 수화로 묵주기도를 올리고 성가를 부르면서 하느님의 종, 교황의 축복을 함께 나누었습니다.

미사가 집전되는 8시간 동안, 80만여 명의 시민과 참석자들은 생애 단 한 번뿐일 수 있는 교황과의 만남을 하느님을 찬미하는 축제의 장으로 장식했습니다. 미사 참석자들은 영예로운 복자가 되신 순교자들이 충실히 실천하였던 하느님의 복음을 마음 깊이 되새기고 그 높은 뜻이 널리 전파되기를 다함께 기도하였습니다.

순교, 예수님의 제자됨

이 땅에 믿음의 첫 씨앗들이 뿌려진 지 얼마 지나지 않아 그리스도인 공동체는 예수님을 따를 것인가 아니면 세상을 따를 것인가, 둘 중에서 하나를 선택해야만 했습니다.

순교 성인들은 당신 때문에 세상이 그들을 미워할 것이라는 주님의 경고(요한 17,14 참조)를 들었습니다.

그들은 예수님의 제자됨의 대가가 무엇인지를 잘 알고 있었습니다.

많은 이들에게 그것은 박해를 의미했고, 또 나중에는 산속으로 들어가 교우촌을 이뤄 고달프게 살아가야 함을 의미했습니다.

그들은 하느님께 대한 신앙과 사랑을 간직하기 위해 엄청난 희생을 치를 각오가 되어 있었습니다.

그들은 그리스도로부터 자신들을 멀어지게 할 수 있는 그 어떤 것 즉 재산과 땅, 특권과 명예 등 모든 것을 포기하였습니다. 그들은 오직 그리스도 한 분만이 그들의 진정한 보화임을 알았기 때문입니다.

10_ 윤지충 바오로와 동료 순교자 123위 시복 미사, 2014년 8월 16일, 토요일

순교자들은 그리스도를 모든 것 위에 최우선으로 받들어 모셨습니다. 이 세상의 다른 온갖 것은 그리스도와 그분의 영원한 나라와 관련해서만 의미를 지닌다는 것을 우리에게 상기시켜 줍니다.

순교자들은 우리에게 질문합니다. 우리 자신이 과연 무엇을 위해 죽을 각오가 되어 있는지? 게다가 목숨을 바쳐 간직해야 하는, 그런 것이 과연 있는지를 생각하도록 우리에게 도전합니다.

게다가 순교자들은 그들의 모범으로 신앙생활에서 애덕이 지닌 중요성에 관한 가르침을 우리에게 전해줍니다.

애덕을 중심으로 신앙생활을 실천해 가던 순교자들은 그리스도에 대한 그들 증언이 지닌 순수성을 말해줍니다. 그 순수성은 세례 받은 모든 이가 동등한 존엄성을 지녔음을 받아들이는 것으로 드러났습니다.

그들은 마침내 그리스도교 신앙 안에서 당대의 엄격한 사회 구조에 맞서는 형제적 삶을 살기에 이르렀습니다.

하느님과 이웃을 사랑하는 순교

그들이 신앙생활에서 애덕을 중요하게 여긴 것은 하느님을 사랑하고 이웃을 사랑하라는 이중 계명을 분리하려는 시도에 대한 그들의 거부였습니다.

그들은 형제들의 필요에 언제든지 응답할 수 있도록 형제들에게 지대한 관심을 기울였습니다.

막대한 부의 곁에 매우 비참한 가난이 소리 없이 울부짖고 있습니다. 가난한 이들의 울부짖음이 좀처럼 주목받지 못하는 현대 사회들 안에 살고 있는 우리는 순교자들의 모범으로 많은 것을 일깨우게 합니다.

지금도 그리스도께서는 우리가 어려움에 처한 형제자매들에게 도움의 손길을 뻗치라고 하십니다. 도움의 손길로써 당신을 사랑하고 섬기라고 요구하십니다. 그렇게 계속 우리를 부르고 계십니다.

우리가 순교자들의 모범을 따라 주님의 말씀을 그대로 받아들여 믿는다면, 우리는 순교자들이 죽음에 이르도록 간직했던 그 숭고한 자유와 기쁨이 무엇인지 마침내 깨닫게 될 것입니다.

나아가, 우리는 오늘의 이 경축을 통하여 우리나라와 온 세계의 헤아릴 수 없이 많은 무명 순교자들을 마음에 품고 기려야 하겠습니다.

특별히 지난 마지막 세기에, 그리스도를 위해 목숨을 바쳤거나 그분의 이름 때문에 모진 박해 속에서 고통을 받아야만 했던, 이름 없는 순교자들을 기리며 기억합니다.

천주교 대전교구 사진 제공

제4부

젊은이여, 일어나 앞으로 나아가라!

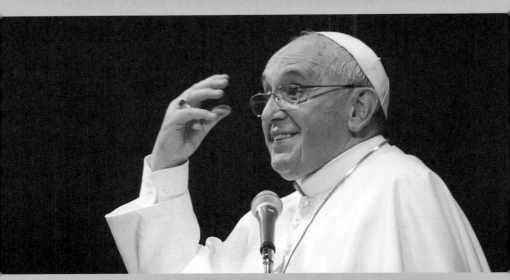

천주교 대전교구 사진 제공

세상의 흐름을 벗어나
앞으로 나아가라!

　교황은 방한 기간 동안 젊은이들에게 희망의 아이콘, 소통의 아이콘, 용서의 아이콘, 사랑의 아이콘이었습니다. 교황은 젊은이들을 조건 없이 만나고 조건 없이 시간을 내주었습니다. 바로 그것은 젊은이에 대한 교황의 믿음이고 신뢰의 증거입니다. 돌 같은 마음도 믿어주면 그 차가움이 눈 녹듯이 사라지고 따뜻해지듯이 교황의 온화한 미소가 젊은이들에게 용기와 신뢰와 희망을 전달합니다. 믿는 도끼에 발등 찍힌다지만 조건 없이 지속적으로 믿음을 주면 그 어떤 의심과 속임수도 그 믿음을 무너뜨릴 수 없습니다.

　2013년 3월13일 바티칸의 콘클라베의 굴뚝에서 흰 연기가 피어오른 후 새로운 교황 프란치스코는 바티칸 광장에 모인 수많은 믿는 이들에게 따뜻한 미소로 '부오나 쎄라'(buona sera, 좋은 저녁입니다)하고 인사하며 자신에게 축복을 해줄 것을 청하였습니다. 평범한 저녁인사와 축복을 청하는 교황의 믿음직한 행보는 한국 방문 중에도 젊은이들과의 만남을 통해 다시 드러납니다.

본디 교황이라는 말은 '다리를 건설하는 사람'(pontifex)이라는
뜻으로 사람들이 서로 다른 사람을 만나고, 하느님을 만날 수 있
도록 마음과 마음을 연결하는 다리를 의미합니다. 교황은 늘 강조
합니다. 하느님을 잊고서는 사람들 사이에 다리를 놓을 수 없고,
반대로 남들을 무시해서는 하느님과 진정한 관계를 가질 수 없다
고 말씀합니다. 게다가 교황은 젊은이들이 서로 존중하고 대화할
수 있도록 도와주는 다리를 만들고 싶어합니다. 교황의 가르침 덕
분에 모두가 상대편을 적이나 경쟁자로 여기지 않고, 받아들이고
껴안아야 하는 우리 형제로 바라보게 해줍니다.[11]

11_ 쟌니 알바네제, 안녕, 난 프란치스코야! 이기철 옮김, 이유출판, 8-9.

자비와 사랑이 세상을 바꿉니다

교황으로 선출되었을 때, 프란치스코는 주교가 되면서 만든 문장(紋章)을 그대로 썼는데, 그곳에 사목 표어 '자비로이 부르시니(Miserando atque eligendo)'를 써넣었습니다. 이 문장은 "자비롭게 바라보시고 그를 선택하셨다"(마태9,9)는 복음 성경 귀절입니다. 교황은 예수께서 마태오를 부르시던 때를 떠올리게 하는 문장을 선택하셨습니다. 이 문장은 하느님께서 교황을 한없이 자비롭게 바라보신다는 것을 느끼게 해줍니다.

2013년 교황의 첫 삼종기도 강론에서 프란치스코는 "자비를 느끼면 모든 것이 바뀝니다. 자비심은 우리가 느껴야 하는 최고의 것입니다. 자비는 세상을 따뜻하게 하고 더 바르게 만듭니다."라고 강한 메시지를 전하였습니다.

이제 교황은 하느님의 참 얼굴을 세상 젊은이들에게 전합니다. 하느님의 진정한 얼굴은 항상 인내하고 용서하시는 아버지의 모습이라는 것을 모든 이, 특히 젊은이들에게 전합니다.

"여러분들은 하느님이 우리 각자에 대해 얼마나 참으시는지 생각해 본 적이 있습니까?" 교황은 젊은이들에게 당신이 참으로 좋아하는 말, 사랑을 행동으로 소통합니다. 사람들은 남들에게 사랑을 보여주기를 두려워한다고 지적하며, 교황은 사랑과 나약함을 혼동하기 때문이라고 말합니다.

"우리는 선과 사랑을 간직하는 걸 두려워하지 말자." 하며 젊은이들에게 사랑을 강조하십니다.

일어나세요!
거리로 나가 사람을 만납시다

교황이 된 직후, 전 세계의 여러 신문과 방송은 교황이 부에노스아이레스의 지하철에 앉아 있는 사진, 사제에게 고해성사를 받는 사진, 교황으로 선출된 날 저녁에 추기경들과 함께 버스를 타고 산타 마르타 집의 게스트 하우스로 돌아가는 사진 등을 집중하여 보도하며 교황을 널리 알려줍니다. 교황은 이런 매스컴들의 모습에 대해 아무 일도 아닌데 왜들 그리 소란을 피우는지 모르겠다며 괘념치 않았습니다. 교황에게 이런 모습들은 일상에서 이루어진 평범한 삶이었습니다. 교황은 "버스보다 더 간단하고 평범한 교통수단은 없지 않느냐"며 묻습니다. 교황이 대중교통을 이용해야 한다는 데는 여러 가지 이유가 있습니다. 건강에도 좋고 환경에도 좋지만, 교황이 특히 말하고 싶은, 건강한 인간관계를 만들 수 있다는 점을 강조합니다.

이미 몸에 밴, 교황의 소탈하고 격의 없는 행동들이 많은 젊은 이들을 교회에 모이게 합니다. 교황은 셀카를 함께 찍고, 노래를 부르며, 음식을 나누는데 아무런 격식이나 허물을 따지지 않았습니다. 아시아 청년들과의 만남은 참으로 교황의 청빈하고 소탈하며 격식 없는 모습을 드러나게 했습니다. 우리는 무엇보다 진솔하고 행복한 대화로 소통하는 교황을 볼 수 있었습니다. 청년들은 언제든지 그들의 고민을 말할 수 있었습니다. 그들에게는 서로 다른 언어도 장벽이 될 수 없었습니다. 교황은 매우 자유로웠습니다. 당신의 영어가 매우 서툴다면서 즉석에서 하고 싶은 말은 이탈리아어로 하였습니다. 젊은이들은 환호합니다. 그리고 깨닫습니다. 교황이 보여주신 진정한 소통과 대화에서 언어는 그렇게 큰 장애물이 아니라는 것을 알아차렸습니다.

아시아청년대회 폐막 미사에서 교황은 몇 번이고 외쳤습니다.

"일어나라! 일어나라! 자 준비됐습니까?
젊은이여 일어나라! 순교자의 영광이
너희를 비추고 있다. 잠들어 있는 사람은 기뻐하거나
춤추거나 환호할 수 없습니다! 깨어 있으라!
깨어 있으라! 거리로 나가 사람을 만납시다!"

쓰던 식기로 차린 소박한 오찬

  항상 젊은이들과 가까이 있기를 원하는 교황은 8월 15일 대전의 월드컵 경기장에서 성모승천대축일 미사를 집전하신 후에 곧바로, 세종시 전의면에 위치한 성 요셉 신학교, 곧 대전가톨릭대학교를 방문하여 아시아청년대회 참가자 대표 17명과 아시아청년대회 홍보대사로 활동중인 가수 보아 등 20명과 함께 오찬을 같이 했습니다. 청년들과 함께하는 점심식사는 교황이 원해서 이루어진 자리였습니다. 그는 아시아 청년 대표들과 만나 함께 식사하며 대화를 나누고 싶었던 것입니다.

  교황은 도착 직후 방에서 약간의 세면을 한 후 점심식사를 할 예정이었지만 휴식 시간도 아까운 모습이었습니다. 그는 휴식도 취하지 않고 곧장 점심이 마련된 학교 구내식당으로 향했습니다. 준비된 점심식사 메뉴는 교황을 비롯한 아시아 각 나라의 청년들이 부담 없이 먹을 수 있는 빵과 호박죽, 잡채, 프로슈토(이탈리아 햄), 호박·생선전 등으로, 양식과 한식이 어우러진 소박한 식단이었습니다.

  '꾸밈없이 준비하라'고 당부한 교황의 뜻을 살려 신학생 등이 늘 사용하던 식기를 전부 그대로 사용했고, 화려한 장식 대신 색동 테이블러너(식탁보)로 수수하게 꾸몄습니다.

젊은이들에게 무한한 애정을 갖고 있기로 유명한 교황은 과연 예정된 점심식사 시간을 30분 이상이나 더 넘기면서도 헤어져야 하는 시간을 못내 아쉬워했습니다. 기념사진을 찍기 위해 교황을 위한 의자를 준비하자,

"여기에 왜 의자가 있나요?
함께 서서 사진을 찍고 싶군요."

라고 하였습니다. 교황은 고지식한 어른이 아니라, 철저하게 청년들의 어깨동무 친구처럼 다정했고 청년들에게 다가갔습니다.

그는 아시아 청년들과 한 시간이 넘게 식사하며 편안한 분위기 속에서 많은 이야기를 나눴습니다. 젊은이들의 질문에 대화하느라 교황은 포크를 들 시간도 거의 없어 보였습니다. 그러나 그가 그렇게 즐거워하는 표정은 보는 것만으로도 모두를 행복하게 해주었습니다. 교황은 식사 시간 내내 청년들이 말할 때 한 사람 한 사람, 어떤 이야기를 하는지 주의 깊게 눈을 마주치며 성실히 들어주었습니다.

아시아 청년들은 다함께 아시아청년대회 주제곡 'THE GLORY OF MARTYRS'(순교자들의 영광)을 불렀습니다. 그들은 각자 준비한 선물을 교황에게 드리며 모두 한 명씩 교황의 사인을 받았습니다. 젊은이들은 끝내나 싶다가도 다시 교황 곁을 둘러싸더니 노래를 부르고, 교황과 사진을 찍는 등 진정으로 교황과의 점심과 만남을 즐겼습니다.

교황이 젊은이들에게 권위를 내세우지 않고 어깨동무 친구처럼 다가가는 모습 역시 '스스로 낮추어 다가가라'는 복음을 상기시키는, 교황의 사랑이 드러난 장면이었습니다. 젊은이들은 교황의 그런 모습에 희망과 연대를 느끼고 존경을 표했습니다. 아시아 젊은이들에게 '희망의 연대감'을 보여주는 교황의 모습은 이미 몸에 배인 '연대하는 삶', 그리스도의 사랑이었습니다.

조금이라도 더
젊은이들과 함께 보내고자

　사실 한국 교황청 대사관에서 교황께 제공되는 음식에 당분을 넣어 달라는 전화가 걸려 왔을 정도로 8월 15일 오전 월드컵경기장에서 집전된 미사 후 교황은 매우 힘들었습니다. 그러나 교황은 젊은이들과의 오찬에서 목소리가 잘 나오지 않을 정도로 피곤하면서도 힘든 내색 한 번 하지 않았습니다. 예정 시간보다 30분을 넘겨 끝마칠 정도로 젊은이들과 보내는 시간을 소중히 하였습니다. 그로 인해 오찬 후 시에스타(휴식) 시간이 짧아졌지만 교황께서는 조금이라도 더 젊은이들과 시간을 나누고자 주어진 시에스타에서도 일찍 일어나 나왔습니다. 교황은 돌아가시는 걸음에도 젊은이들과 오찬을 준비한 직원들에게 격려의 말씀과 미소를 보내었습니다. 자신의 시간을 쪼개고 젊은이들에게는 시간을 후하게 나누는 교황! 그분의 삶은 늘 그러하였습니다. 교황이 젊은이들과 함께하는 곳이라면 어디든 마다하지 않는 이유는 젊은이들에게서 나라와 천주교의 미래를 보기 때문일 것입니다.

낮고, 가까운 곳에서 나눈 교황의 사랑

▶ **알렉산더 존**(Alexendar John, 파키스탄 男)

"우리를 가족처럼 맞아주셔서 몇 분만에 서로 친숙해졌고, 우리가 무슨 말을 하건 모든 이야기를 주의 깊게 들어주셨다. 그렇게 높은 분이 이렇게 낮고 가까운 곳에서 겸손하게 이야기를 들어주는 경우는 나는 결코 보지 못했다. 우리 각자 모두 교황님과 짧게 질의응답을 했고 우리의 이름과 출신국가, 우리가 하고 있는 일에 대해 말씀드렸으며

이를 모두 들어주셨다."

▶ **수엔 카 포**(Suen Ka Po, 홍콩 女)

"이곳에 오게 된 것은 어느 날 밤 하느님 꿈을 꾸었기 때문이다. 어느 날 아주 슬퍼서 울다가 잠이 들었는데 하느님께서 내 꿈에 나타나 '딸아, 울지 마라.' 라고 말씀하셨다. 아주 현실적인 꿈이어서 이는 내게 영감과 감동을 주었고, 하느님께서 나를 사랑하신다는 것을 알게 되었다. 그리고 운이 좋게도 우리 본당의 신부님께서 아시아청년대회 참가 신청서를 주시면서 많은 것을 얻을 수 있으니 신청할 것을 권했다. 그래서 그 즉시 신청을 하고 참가비를 지불했다. 이 행사를 위해 아주 많은 것을 준비했으며, 하느님과 교황님을 만나기 위해 반년이라는 긴 시간 동안 기도하며 내 마음을 준비했고, 교황님을 위한 선물을 마련했다. 그리고 내 마음을 교황님께 직접 전하고 싶었다. 실제로 이곳에 와서 많은 친구들을 만나고 내 믿음도 힘을 되찾을 수 있었다. 이곳에 와 많은 사람들을 만난 것이 나에게 아주 소중한 체험이었다. 오늘 교황님과 점심식사를 했는데 두 가지 질문을 드렸다. 첫 번째는 교황님께서 언제 홍콩에 오셔서 우리를 만나실 수 있는지 물었다. 교황님께서는 일정이 확실하지 않지만 시간이 되는 한 홍콩에 오셔서 젊은이들을 만나겠다고 하셨다.

두 번째 질문은 홍콩과 세계의 젊은이들이 어떤 임무를 수행하기를 원하시는지 물었다. 교황님께서는,

아시아청년대회의 주제와 같이,
일어나 하느님의 자취를 따르고,
예수 그리스도를 드높이며
태양처럼 빛나라,

하고 말씀하셨다. 또 교황님을 위해 미술작품을 준비했다. 중국의 성모화(Chinese Holy Mother)인데 내 작품인지를 물으시고 몹시 마음에 든다고 하셨다. 나는 가슴이 뜨거워지는 것을 느꼈고 교황님께 사랑한다고 말씀드렸다. 교황님께서도 사랑한다고 말씀하시며 머리를 만져주셨다. 아주 좋으시고 친절한 분이셨다. 높은 곳에 계시는 것이 아니라 우리와 가까이에 계셨다."

▶ **혹야로엔 몬티라 유이**(Hokjaroen Montira Youi, 태국 女)[12]

"교황님의 주된 말씀 중의 하나는 '계속 기도하라' 라고 생각한다. 교황께선 저희에게 매일 묵주기도를 하느냐고 물으셔서 묵주기도를 한다고 대답했더니, 교황께서 저에게 본인을 위해 묵주기도를 바쳐달라고 요청하셨다. 우리도 교황님이 떠나기 전 우리들이 지닌 묵주를 축성해 주기를 요청했다. 그리고 저에게 교황님은 태국에 있는 사람들에게도 본인을 위해 기도해 줄 것을 요청하셨다."

교황님은 또 물으셨다.

평화는 단순히 전쟁이 없는 게 아니라
'정의의 결과' 이고 '깨어나라' 란 의미는
'준비하고 나가 천사가 되어라' 란
뜻이라고 설명하시면서 저희에게
'준비가 되었느냐?'고.

12_ 고양인터넷신문

교황님은 저희보다 저 높은 레벨에 있는 사람이라 올려만 봐야한다고 생각했다. 그런데 교황님은 몸을 낮춰 우리에게 다가왔고 우리 기도와 이야기를 모두 들어주셨고, 그래서 저희도 교황님을 위해 기도를 계속해야 한다고 생각했다. 한마디 덧붙이자면 교황님은 매우 친절하시다. 우리가 함께 식사를 할 때 교황은 다른 이들을 다 나누어주고, 제일 마지막으로 디저트(커피와 케이크)를 받았다. 그리고 저희에게 다른 청년 모두가 디저트를 받을 때까지 기다리는 것이 어떻겠냐고 권고하셨다. 저는 '교황님이 주변의 모든 사람들을 늘 걱정하고 주의를 기울이는구나.' 라고 생각했다.

아시아청년대회 세계의 청년들을 만나

교황은 8월 15일 오후, 제6회 아시아청년대회가 열리고 있는 충남 합덕읍 우강면에 위치한 솔뫼성지를 방문했습니다. 그곳에서 두 시간 가량 아시아 22개국 청년들과 만남의 시간을 가졌습니다. 이 자리에는 대회 참가자 2,000여 명과 그 밖의 신자들 4000여 명 등 총 6,000여 명이 참석했습니다.

천주교 아시아청년대회에 교황이 참가한 것은 역대 처음 있는 일이었습니다. 교황은 젊은이들과 함께 모이는 자리는 청년들의 희망과 관심사를 들을 수 있는 소중한 기회라며 아시아청년대회의 참석에 큰 의미를 부여하였습니다. 아시아 각국에서 모인 청년들도 교황을 열렬히 환영하였고 말씀에 귀 기울이고 자신들의 고민을 토로하며 의미 있는 시간을 가졌습니다.

대회에서는 청년들을 대표해 한국의 박지선(마리나) 씨, 홍콩의 지오반니 씨, 캄보디아의 스마이 씨가 무대에 올라 자신의 고민과 각 나라가 안고 있는 문제점에 대해 설명하고 교황에게 해답을 구했습니다.

통역을 맡은 정제천 신부의 말에 의하면, 교황은 청년들이 질문을 할 때 일일이 메모를 하였으며 연설문을 읽다가도 본인의 메모에 적혀 있는 글들을 손가락으로 짚어가면서 이탈리아어로 즉흥 연설을 했다 합니다. 교황은 "제 절친한 친구가 젊은이들에게는 종이를 통해 말하면 안 되고 즉흥적으로 마음속으로부터 말해야 한다고 했다."고 말하며 미소를 지었습니다. 종이에 미리 적어둔 대로 읽는 것을 원하지 않았던 것입니다. 교황은 형식적이 아니라, 진정 마음과 마음이 통하는 진솔한 대화를 원했던 것입니다.

이날 교황은 "여러분은 희망의 복음, 예수 그리스도의 복음, 하느님 나라의 약속을 전하고 증언하라는 부름을 받았습니다. 청년들은 세상 밖으로 나아가 다른 이들의 마음의 문을 두드리고 그들의 삶 안에 그리스도를 받아들이도록 초대해야 한다."고 강조하였습니다. "나는 여러 젊은이들이 평화와 우정을 나누며 사는 세상, 장벽을 극복하고 분열을 치유하며 폭력과 편견을 거부하는 세상을 만드는 데 도움이 되기를 바랍니다."라고 격려하였습니다. 교황은 아시아, 나아가 전 세계의 미래를 어깨에 짊어진, 보석 같은 젊은이들에게 어렵고 힘든 사회에서도 용기를 갖고 기쁘게 살아가라고 젊은이들을 축복하였습니다. 교황은 젊은이들을 위로하며 무엇보다 그들에게 도움을 바라는 이웃의 손길을 잡아줄 것을 당부하였습니다.

청년들의 고민에 응답하다

▶**립 락락 스마이**(20 · 캄보디아. 女)

"저는 지금까지 성소의 길을 가야 한다고 생각을 했습니다. 하지만 제가 공부를 할수록 가난하게 사시는 부모님과 우리 마을 사람들을, 또 많은 사람들을 도울 수 있다는 생각도 듭니다. 성소의 길을 선택하지 않는 것은 마치 유혹처럼 느껴집니다."

▶교황 프란치스코

"수도적인 삶을 지향하든, 평신도의 삶을 지향하든
가장 중요한 것은 우리가 주님을 공경하고
다른 이들을 위해 일하려고 존재한다는 것입니다.
주님께서는 우리를 부를 때 항상 다른 사람을 위해
선을 행하라고 말씀하십니다.

스마이뿐 아니라 여러분 자신이 어떤 삶을 선택할 것인지, 주님께 내가 어떻게 살아야 하는지 물어야 합니다. 그리고 선택은 예수님께서 하실 겁니다. 여러분은 주님의 말씀을 들어야 합니다. '주님, 당신이 제게 원하시는 것이 무엇입니까?' 이것이 바로 여러분 젊은이들이 해야 하는 기도입니다.

기도는 충고입니다. 정말 진정한 친구들, 평신도, 사제, 수도자, 주교 모두가 여러분에게 충고할 수 있습니다. 바로 이러한 충고를 통해 주님께서 여러분에게 전하는 메시지를 들을 수 있습니다. 저는 주님께서 당신의 이야기를 들어주실 거라 확신합니다. 하느님의 부르심과 응답이 있을 것입니다."

스마이는 교황을 만난 소감을 이렇게 나누었습니다. "하느님, 감사드립니다. 이 모든 것은 다 하느님께서 계획하시는 일입니다. AYD(아시아청년대회) 프로그램을 통해 하느님께 더욱 더 가깝게 다가선 것 같습니다. 또한 교황님께서 말씀하시는 '깨어나라, 깨어나라.' 짧은 말씀이지만, 깊은 의미가 감추어져 있었습니다. '나의 정신, 나의 영아! 깨어나라 더 이상 잠들지 마라.' 하느님은 우리에게 준비해 주신 계획대로 행하신다고 느꼈습니다. 우리는 하느님의 사랑을 땅끝까지 전하라는 말씀을 마음속에 느꼈습니다."

▶ **지오반니 팽**(요한 · 33 · 홍콩.男)

"홍콩에 사는 저희들은 신앙으로부터 오는 행복한 삶이 홍콩 전체에 퍼지는 것에 목말라 하고 있습니다. 홍콩 청년들은 자신감과 체력이 넘칩니다. 저희는 이 미션을 어떻게 수행해야 하는지 교황님께서 가르쳐 주시길 갈망하고 있습니다."

▶교황 프란치스코

"우리 가까이에 있는 많은 친구와 동료들이 엄청난 물질적 번영에도 불구하고 정신적 빈곤·외로움·남모를 절망감에 고통 받고 있습니다. 이러한 세상에 하느님의 자리는 더 이상 없는 것처럼 보입니다. 이는 청년들에게도 영향을 미쳐서 희망을 앗아가고 많은 경우에 삶 그 자체를 앗아가기도 합니다.

그러나 여러분은 이 세상 속으로 나아가 희망의 복음을 전하고 증언하라는 부름을 받았습니다. 여러분이 진실하게 행동하고 기쁜 마음으로 복음을 증언할 수 있는 방법 세 가지를 제안해 드리겠습니다. 이 세 가지를 늘 생각하시고 여러분 삶의 원칙이 되게 하십시오.

> 첫째, 그리스도께서 여러분에게
> 주시는 힘을 믿으십시오.
> 둘째, 날마다 기도 안에서
> 주님과 가까이 지내십시오.
> 마지막으로, 여러분의 모든 생각과
> 말과 행위가 그리스도 말씀의 지혜와
> 진리의 힘으로 인도되게 하십시오."

▶ **박지선**(마리나 · 30 · 한국.女)

"저는 교황님께서 오늘날 극심한 자본주의 사회에서 살아가고 있는 저와 한국의 청년들에게 진정으로 행복한 삶에 대해 이야기해 주시기를 바랍니다."

"만일 행복을 돈으로 살 수 있다면 그 행복은 결국 날아가 버립니다. 마지막에는 사랑의 기쁨, 사랑의 행복만이 유지된다는 것을 기억해야 합니다. 사랑의 길은 단순합니다. 이웃, 형제·자매, 특별히 여러분들의 도움이 필요한 이들을 사랑하는 것입니다. 우리는 살면서 많은 죄를 짓습니다. 하지만 주님께서는 결코 우리를 용서하는 데 지치지 않으십니다. 주님께서는 언제나 여러분을 기다리십니다."[13]

13_ 가톨릭신문 8월 24일

세상 흐름을 벗어나서 앞으로 나가라

마음의 문을 두드리시는 그리스도

오늘 그리스도께서는 여러분 마음의 문을, 제 마음의 문을 두드리고 계십니다.

일어나 깨어 있으라고, 또 삶에서 진정 소중한 것들이 무엇인지 깨달으라고 여러분과 저를 부르고 계십니다.

뿐만 아니라, 세상 밖으로 나아가 다른 이들의 마음의 문을 두드리고 그들의 삶 안에 그리스도를 받아들이도록 초대하라고 여러분과 저에게 요청하고 계십니다.

여러분은 세상 곳곳에서 모인 젊은이들과 함께 우리 모두가 평화와 우정을 나누며 사는 세상, 장벽을 극복하고 분열을 치유하며 폭력과 편견을 거부하는 세상을 만드는 데 도움이 되기를 바라고 있습니다.

바로 이것이야말로 하느님께서 우리에게 원하시는 일입니다.

14_ 아시아 청년들과 만남 2014년 8월 15일, 금요일

선택은 주님께서 하셔야 합니다!

교회는 전 인류의 일치를 위한 씨앗이 되어야 합니다.

그리스도 안에서 모든 국가와 민족들이 일치를 이루도록, 그러나 다양성을 파괴하는 것이 아니라 오히려 다양성을 인정하고 조화를 이루어 더 풍요롭게 하는 일치를 이루도록 부름 받고 있습니다.

우리 삶에 값비싼 대가를 치르게 하는 물질과 권력, 쾌락 숭배의 징후들을 우리는 봅니다.

우리 가까이에 있는 많은 친구와 동료들이 엄청난 물질적 번영에도 불구하고 정신적 빈곤, 외로움, 남모를 절망감에 고통 받고 있습니다.

이러한 세상에 하느님의 자리는 더 이상 없는 것처럼 보입니다.

마치 정신적인 사막이 온 세상으로 퍼져나가고 있는 것 같습니다.

이는 청년들에게도 영향을 미쳐서 희망을 앗아가고, 많은 경우에 삶 그 자체를 앗아가기도 합니다.

봉헌 생활의 길, 수도 생활의 길로 갈 것인가, 아니면 다른 이들을 도울 준비를 더 잘 갖추기 위하여 공부를 할 것인가?

이것은 외관상의 갈등입니다.

주님께서 부르실 때에는 수도 생활, 봉헌 생활로 부르시든 가정의 아버지나 어머니로서의 평신도 생활로 부르시든 언제나 다른 이들에게 선을 행하도록 부르시기 때문입니다.

그 목적은 항상 동일합니다.

하느님을 공경하고 다른 이들에게 선을 행하는 것입니다.

어떤 길을 선택해야 할까 하고 말입니다.

그러나 여러분은 어떠한 길도 선택하지 말아야 합니다.

선택은 주님께서 하셔야 합니다!

주님께서 그 길을 선택하셨고 여러분은 주님의 말씀을 듣고, "주님, 제가 무엇을 해야 할까요?" 하고 여쭈어야 합니다.

젊은이가 해야 할 기도는 이것입니다.

"주님, 제게 무엇을 원하십니까?"

기도와 몇몇 참된 친구들, 평신도, 사제, 수녀, 주교, 교황의 조언으로(교황도 좋은 조언을 해 줄 수 있습니다.) 여러분은 주님께서 여러분에게 원하시는 길을 찾을 수 있습니다.

사랑과 희망의 길은 단순합니다

사랑의 길은 단순합니다.

하느님을 사랑하고, 이웃, 여러분의 형제, 여러분 가까이 있는 사람, 사랑을 필요로 하며 많은 것을 필요로 하는 사람을 사랑하십시오.

"하지만 신부님, 제가 하느님을 사랑하는지 어떻게 알 수 있지요?"

단순합니다.

이웃을 사랑한다면, 미워하지 않는다면, 마음 안에 미움이 없다면 하느님을 사랑하는 것입니다.

이것은 확실한 증거입니다.

무엇보다 먼저 제가 드리는 권고는 기도하라는 것입니다.

젊은이여 일어나라!
순교자의 영광이 너희를 비추고 있다

프란치스코 교황은 8월 17일 오후, 충남 서산 해미읍성에서 우리나라와 아시아 22개국의 청년 6천여 명이 참석한 가운데 '제6회 아시아청년대회 폐막미사'를 집전했습니다. 이날 미사는 참석을 희망하는 사람들 모두에게 개방되어 시민들까지 총 5만여 명이 모여들었습니다. 교황을 수행하는, 주교 10여 명과 아시아 주교단 50여 명이 자리했고, 폐막 미사를 앞둔 오전에 제법 굵은 빗줄기가 심술을 부렸지만 오후 들어 비가 잦아들었고 쾌적한 날씨 속에서 미사가 진행되었습니다.

해미순교성지에서 아시아 주교들과 만나 오찬을 함께 한 교황이 오후 4시경, 덮개가 없는 국산 차량으로 해미면 시가지를 거쳐 해미읍성까지 2㎞에 걸쳐 카퍼레이드를 벌였습니다. 연도에 늘어선 수많은 시민들은 교황을 환호하며 열광했습니다. 교황은 미소지으며 이들을 향해 일일이 손을 들어 화답했습니다. 이어 교황이 해미읍성 진남문으로 입장하는 순간, 신자와 시민들은 '비바 파파! 교황님 사랑합니다.'를 외치며 환호했습니다.

교황의 강론은 최대한 많은 청년에게 통역 없이 메시지를 전하기 위해 이탈리아어가 아닌 아시아인 다수가 사용하는 영어로 이뤄졌습니다. 행사장에 들어가지 못한 1만 8천여 명의 신도들과 시민들은 해미면사무소를 비롯해 8군데에 설치된 대형 스크린으로 교황의 미사를 지켜봤으며, 폐막미사는 미국 CNN 등을 통해 전 세계에 생중계되었습니다.

이번 제6회 아시아청년대회는 아시아 주교회의(FABC)가 주최하고 천주교 대전교구가 주관하여 8월 13일부터 17일까지 대전·충남 지역에서 "젊은이여 일어나라! 순교자의 영광이 너희를 비추고 있다."라는 주제로 진행되었습니다.

삶의 변두리로 나가라

교황은 아시아청년대회 폐막미사 강론에서 아시아 젊은이들에게 "우리에게 도움을 간청하는 사람들을 밀쳐내지 마십시오. 도움을 바라는 모든 이들의 간청에 연민과 자비와 사랑으로 응답해 주시는 그리스도처럼, 우리도 그렇게 살아야 합니다."라고 강조하였습니다. 그는 젊은이들에게 일어나 삶의 변두리로 나아가 가난하고 힘없는 이들을 외면하지 말 것을 당부하였습니다.

교황은 젊은이들이 바로 교회의 현재라며 서로 일치를 이루라고 촉구하였습니다. 언제나 하느님께 더욱 가까이 다가가고 젊은이들의 주교님들과 신부님들과 함께 더 거룩하고 더 선교적이고 겸손한 교회를 이루라 조언하였습니다. 가난한 이들, 외로운 이들, 아픈 이들, 소외된 이들을 찾아 섬기라고 거듭 강조하였습니다. 젊은이들이 하느님을 경배하고 사랑하며 하나 됨으로써 하느님의 교회를 일으켜 세울 수 있다고 용기를 주었습니다.

또한 교황은 젊은이들에게 사회생활에 온전히 참여할 권리와 의무를 지니고 있으므로 두려워하지 말고 사회생활의 모든 측면에 신앙의 지혜를 불어 넣으라고 주문했습니다. 또 잠들어 있는 사람은 아무도 기뻐하거나 춤추거나 환호할 수 없으므로 우리는 깨어 있어야 한다고 외쳤습니다. 성덕의 아름다움과 복음의 기쁨에 대한 우리의 감각을 무디게 만드는, 우리 자신과 다른 사람들의 죄와 유혹을 또 그러한 압력을 허용하지 말아야 한다고 역설하였습니다.

깨어 있으라. 잠들어 있는 사람은 기뻐하거나 춤추거나 환호할 수 없다

순교자의 영광이 너희를 비추고 있다!

여러분은 아시아인으로서 또한 아시아 안에서, 여러분의 문화와 전통들 안에서, 참되고 고귀하고 아름다운 그 모든 것을 보고 사랑합니다.

그러나 여러분은 그리스도인으로서 복음이 이 유산을 정화하고 승화시키며 완성시키는 힘을 가지고 있다는 것을 잘 알고 있습니다.

여러분이 세례 때에 받은 성령은, 견진 성사로 여러분에게 그 인호가 새겨졌고 성령의 현존을 체험합니다. 그리고 여러분의 목자들과 일치하여, 여러분은 아시아의 다양한 문화들이 가지고 있는 수많은 긍정적인 가치들을 존중할 수 있습니다.

더욱이 여러분들은 무엇이 가톨릭 신앙에 반대되는지, 무엇이 세례 때에 받은 은총의 삶에 어긋나는지, 이 시대 문화의 어떤 측면들이 사악하고 타락하여 우리를 죽음으로 이끌어 가는지도 알아볼 수 있습니다.

15_ 제6회 아시아 청년 대회 폐막 미사 2014년 8월17일 주일

젊은이는 교회의 현재이자 미래입니다

아시아청년대회의 주제로 다시 돌아가서, "젊은이" 라는 두 번째 낱말을 묵상해 봅시다.

여러분과 여러분의 친구들은 바로 젊은 시절의 특징인 낙관주의와 선의와 에너지로 충만해 있습니다.

그리스도께서 여러분의 본성적인 낙관주의를 그리스도교적인 희망으로, 여러분의 에너지를 윤리적인 덕으로, 여러분의 선의를 자신을 희생하는 순수한 사랑으로 변화시켜 주시도록 그분께 여러분을 맡겨 드리십시오.

이것이 바로 여러분이 걸어가도록 부르심을 받은 길입니다.

이것은 여러분의 삶과 문화에서 희망과 덕과 사랑을 위협하는 모든 것을 극복해 내는 승리의 길입니다.

이 길에서 여러분의 젊음은 세상과 예수님께 드리는 선물이 될 것입니다.

여러분은
교회의 미래의 한 부분일 뿐만 아니라
교회의 현재에도 반드시 필요한
사랑 받는 지체입니다!
여러분이 바로 교회의 현재입니다.

서로 일치를 이루십시오

언제나 하느님께 더욱 가까이 다가가십시오.

그리고 여러분의 주교님들과 신부님들과 함께, 더 거룩하고 더 선교적이고 더 겸손한 교회, 또한 가난한 이들, 외로운 이들, 아픈 이들, 소외된 이들을 찾아 섬기는 가운데 하느님을 경배하고 사랑하는, 하나인 교회를 일으켜 세우며 올 한 해를 보내십시오. 오늘 복음에 나오는 가나안 여인의 간청은 그리스도의 사랑과 자비, 그리고 우정을 찾는 모든 이들의 부르짖음입니다.

도시들 속에 사는 익명의 수많은 사람들의 외침이고, 여러분 또래의 수많은 젊은이들이 외치는 절규이며, 오늘날에도 예수님의 이름 때문에 죽음과 박해의 고통을 겪고 있는 모든 순교자들의 기도입니다.

"주님, 저를 도와주십시오!"

이것은 흔히 우리 각자의 마음속에서 터져 나오는 절규입니다.

"주님, 저를 도와주십시오!"
이 절규에 우리가 응답합시다.

마치 곤궁한 이들에게 봉사하는 것이 주님과 더 가까이 사는 데 방해가 되는 것처럼, 우리에게 도움을 간청하는 사람들을 밀쳐 내지 마십시오.

그래서는 안 됩니다!

도움을 바라는 모든 이들의 간청에 연민과 자비와 사랑으로 응답해 주시는 그리스도처럼 우리도 그렇게 살아야 합니다.

일어나 나아가라

마지막으로, 아시아청년대회 주제의 세 번째 부분
"일어나라!"
이 말은 주님께서 여러분에게 맡기신 책임을 일깨우고 있습니다.
우리는 깨어 있어야 합니다.
성덕의 아름다움과 복음의 기쁨에 대한 우리의 감각을 무디게
만드는, 우리 자신과 다른 사람들의 죄와 유혹을, 또 그러한 압력
을 허용하지 말아야 합니다.
오늘 화답송 시편은 끊임없이 우리를 초대합니다.

"기뻐하고 환호하라."

잠들어 있는 사람은 아무도 기뻐하거나 춤추거나 환호할 수 없습니다. 잠만 자고 있는 젊은이들을 보는 것은 달가운 일이 아닙니다. 그러면 안 됩니다.

"일어나십시오.

가십시오! 앞으로 나아가십시오!

계속 앞으로 나아가십시오!

사랑하는 젊은이 여러분,

하느님, 우리 하느님이 복을 내리셨습니다!"(시편 67,6).

그분으로부터 우리는 "자비를 입었습니다."(로마 11, 30).

하느님의 사랑을 믿고, 세상으로 나아가십시오.

그리하여, 여러분의 친구들이, 직장 동료들이, 그리고 여러분의 국민들과 이 거대한 대륙의 모든 사람들이, "여러분에게 베풀어 주신 그 자비로, 이제 그들도 자비를 입게"(로마 11,31 참조) 하십시오.

하느님의 자비로 우리는 구원을 받았습니다.

아시아의 젊은이들이여, 일어나십시오!

천주교 대전교구 사진 제공

제5부

가난한 이를 위한
가난한 교회

천주교 대전교구 사진 제공

세상을 향해 나아가는 교회가 되라

교황 프란치스코는 "저는 병든 교회보다 길거리에서 사고를 당한 교회가 수만 배 더 좋습니다!"라고 말합니다. 연구에 몰두하여 모든 것을 알고 있지만 늘 갇혀 있는 교리교사나 교회보다는 모든 위험을 무릅쓰고 밖으로 뛰쳐나가는 용기를 지닌 교리교사와 교회가 훨씬 좋습니다! 하지만 주의할 것이 있습니다. 예수님은 우리에게 밖으로 나가서 적당히 타협하라고 말씀하시지 않습니다. "가거라. 내가 너희와 함께하겠다!" 이 말씀은 우리에게 힘을 주고 우리의 발걸음을 아름답게 해줍니다.[16]

교황은 한국의 순교자들의 삶을 우리의 삶 안에 담아, 세상을 향해 나갈 것을 촉구합니다.

교황은 우리에게 목자로 살도록 촉구합니다. 목자로 산다는 것은 넓은 아량으로 환대하기, 양떼와 함께 걸어가기, 양떼와 함께 머물기입니다. 특히 목자는 백성을 향해 자신을 닫아걸지 말아야 합니다. 교우들 한가운데로 내려가십시오. 교구의 변두리로, 특히 아픔과 고독이 넘치고 인간의 존엄성마저도 무시당하는 온갖 '삶의 변두리'로 내려가십시오.[17]

16_ 참고: 줄리아노 비지니 엮음, 교황, 프란치스코, 자비의 교회, 바오로딸 2014. 52-68.
17_ 위의 책, 210-219.

교황은 축구를 좋아합니다. 그래서인지 그의 가르침에는 축구 용어가 신조어(新造語)처럼 등장합니다. 바로 프리메레아르(primerear), 곧 '첫걸음 내딛기'입니다. 축구를 잘하는 선수는 공의 흐름을 미리 알고 공이 올 곳에 먼저 가서 그 자리를 확보합니다.

이처럼 교회 공동체는 선교를 위해 첫걸음을 떼면 그곳에 예수께서 먼저 와 계시다는 뜻입니다. 예수의 '첫걸음 내딛기'를 믿어야 합니다. 교황은 교회가 지금 쇄신되어야 한다며, 두려움 없이 세상을 향해 나아가는 교회가 되라고 촉구합니다. 축구 선수가 그라운드가 아니라 벤취에만 앉아 있지 말아야 하듯이 교회가 세상을 향해 '첫발'을 과감하게 내디뎌야 합니다.

가난한 이들과 연대하는 교회가 되라

교황은 8월 16일 오후 충북 음성 꽃동네에 있는 사랑의 영성원에서 153명의 한국 천주교 평신도사도직단체협의회 대표들과 만나, 가난한 이들을 돕는 여러 단체의 활동을 칭찬하면서 "자선 사업에 국한되지 않고 인간 성장을 위한 구체적인 노력으로 확대되어야 한다."고 강조했습니다. 그들의 활동이 가난한 이들을 돕는 것으로 그치지 않고 인간 증진이라는 분야에서 더 많은 노력을 기울여 달라는 주문이었습니다.

이에 평신도사도직단체협의회 권길중 회장은 "우리들이 가야할 변방은 가난하고 병든 형제이고, 억울한 일을 당해도 기댈 곳조차 없는 가장 작은 형제들입니다. 교회를 떠난 형제들, 꿈을 잃고 방황하는 청소년들, 북한 동포들, 그리고 아시아의 백성들이 그리스도인이 찾아나서야 할 변방"이라고 답했습니다.

연대하라는 교황의 메시지는 한국교회가 처한 가장 약한 고리인데 이는 한국교회가 처해 있는, 연대와 소통의 부재, 양적 팽창과 권위주의를 정확하게 바라보는 계기가 되어야 합니다. 인간적인 고통 앞에 서면 마음이 이끄는 대로 행동하게 된다는 교황의 말씀은 교회의 정치적 중립을 강조하며 불의에 눈감던 한국의 교회 지도자들에게 경종을 울리는 것입니다. 교황이 말하는 연대는 마음의 문제입니다. 고위 성직자들이 사회적인 약자들을 대하고 생각하는 마음과 연민이 기본적으로 변화해야 한다는 충고입니다.

교황이 지닌 "섬김의 영성"은 우리 사목자들이 말씀의 표면에만 머물지 않고, 말씀 속의 깊고 넓은 뿌리에 자리할 때 마음에서 솟아납니다. 가난한 이를 돕는 것과 인간 증진은 서로 반대하는 위치에 있지 않습니다. 진정으로 한 사람을 섬긴다는 것은 가난과 인간 증진이라는 두 마리 토끼를 잡는 것입니다. 섬김은 분열이 아니라 그것으로 하나가 되게 하는 은총의 언어입니다.

교황은 예수회원으로서 익숙한 영적 식별력을 발휘합니다. 그는 오늘날 세상의 도전들을 복음적으로 식별할 것을 강조합니다.(복음의 기쁨 50-109)

"배척의 경제는 안 된다. 돈의 새로운 우상은 안 된다. 봉사하지 않고 지배하는 금융 제도는 안 된다. 폭력을 낳는 불평등은 안 된다."라고 그는 여러 번 강조합니다. 교황은 교회가 직면하는, 세상의 도전에 대해 말할 때, 문화적 도전, 신앙 토착화의 도전, 도시 문화의 도전 등 세 가지를 말합니다.

유혹을 겪는 사목 일꾼들에게는 자기중심이 아니라 이웃 사랑을 지향해야 한다고 강조합니다. 사목자가 세상의 흐름 속에서 이기적 나태에 빠져, '자유', '휴식'에 지나치게 관심을 갖는 것을 우려합니다. 자신에게서 벗어나 다른 이들과 연대하는 것이 좋다고 말합니다. 복음은 다른 이들의 얼굴을 마주보고 만날 때 위력을 발휘한다고 말하며, 세상으로 나가라고 초대합니다.

그러므로 가난한 이들과 연대하는 교회가 되기 위해서, "이기적인 나태는 안 된다. 무익한 비관주의는 안 된다. 영적 세속성은 안 된다. 우리 사이에 싸움은 안 된다."라고 교황은 사목자들에게 말합니다.

가난한 이들을 돕는 것만으로는 충분하지 않다

복음의 풍요를 증거하는 평신도

오늘날 교회는 복음이 지닌 구원 진리와, 사람의 마음을 정화하고 변모시키는 복음의 능력, 그리고 일치와 정의와 평화 안에서 인류 가족을 일으켜 세우는 복음의 풍요로움을 보여주는, 평신도들의 믿음직한 증언을 필요로 합니다.

특별히 저는 가난한 이들과 도움이 필요한 이들에게 다가가는 일에 직접 참여하는 여러 단체의 활동을 높이 치하합니다.

한국의 첫 그리스도인들이 보여준 모범처럼, 신앙의 풍요로움은 사회적 신분이나 문화를 가리지 않고 우리 형제자매들과 이루는 구체적인 연대로 드러납니다.

18_ 평신도 사도직 지도자들과 만남 2014년 8월 16일, 토요일, 아시아 교회 45항 참조)

자선 사업을 넘어서는 인간 증진

활동은 자선 사업에 국한되지 않고 인간 성장을 위한 구체적인 노력으로 확대되어야 합니다.

자선뿐만 아니라 인간 증진으로 확대되어야 합니다.

가난한 이들을 돕는 것은 반드시 필요하고 좋은 일이지만, 그것으로 충분하지는 않습니다.

저는 여러분이 인간 증진이라는 분야에서 더 많은 노력을 기울여 주시도록 격려합니다.

평신도 양성 추진과 목자들과의 연대

여러분이 지속적인 교리 교육과 영성 지도를 통하여 더욱더 알찬 평신도 양성을 계속 추진하도록 요청합니다.

온 마음과 정신으로 여러분의 목자들과 완전한 조화를 이루어 활동하도록 부탁드립니다.

근본적으로 여러분의 공헌이 반드시 필요합니다.

한국 교회의 미래는 아시아 전역에서 그렇듯이 친교와 참여, 은사를 함께 나누는 영성에 기초를 둔 교회관의 발전에 전폭적으로 좌우될 것이기 때문입니다.

스스로 가난한 교회가 되라

한국 사회는 화려한 경제성장을 이룬 반면에, 부의 양극화라는 어두운 면을 가지게 되었습니다. 한국교회 역시 급격히 성장을 하면서 가난한 사람들이 발을 들여놓기 쉽지 않은 구조가 되어버렸습니다. 교회가 가난하지 않으면 불의와 부패에 맞서는 '예언자적 직무'를 소홀히 하게 될 위험이 있습니다.

사회에서 버림받은 이들에 대한 교회의 염려와 배려는 스스로 가난을 선택하여 가난하고 소외된 사람과 언제나 함께하시는 그리스도에 대한 믿음에서 나오는 것입니다. 교황이 바라는 교회는 가난한 이들을 위한 가난한 교회입니다. 우리는 가난한 이들에게서 많은 것을 배울 수 있습니다. 우리는 모두 가난한 이들에 의해 복음화되어야 합니다.[19]

19_ 참고: 줄리아노 비지니 엮음, 교황, 프란치스코, 자비의 교회, 바오로딸 2014. 71-76

교회 공동체의 뿌리인 이스라엘 민족을 살펴봅시다. 구약성경의 히브리인들은 본디 "가난한 사람들의 집단"을 말합니다.

신약성경의 최후심판에서도 예수께 선택 받아 오른쪽에 있는 양이 되는 구원의 길은 가장 보잘것없는 가난한 사람 하나에게 해 준 것입니다.(마태 25,40)

가난한 이들과의 연대는 단순히 자선을 위해서가 아니라, 그리스도를 믿는 우리들의 성소(聖김)입니다. 교회는 결단코 자기 자신의 삶에 빠져 가난한 이들과 가까이 할 수 없다고 말하면 안 됩니다. 우리는 더 이상 시장경제의 눈먼 힘과 보이지 않는 손을 신뢰할 수 없습니다. 정의의 증진은 경제성장을 전제로 하더라도 더 나은 소득분배와 일자리 창출을 넘어서는 것입니다. 교회는 가난한 이들의 온전한 진보와 인간적 증진을 분명히 지향하는 결정, 계획, 구조, 과정을 요구해야 합니다.

교황은 "자신의 생활 방식 때문에 관심을 더 쏟아야 하는 다른 일들이 많아서, 가난한 이들을 가까이 할 수 없다고 어느 누구도 말해서는 안 됩니다."(복음의 기쁨 190-192)라고 강조합니다.

가난한 사람들에게 관심을 쏟아라

복음의 요구, 회개와 사랑

한국 교회의 역사가 하느님의 말씀과 직접 만나 시작되었다는 것은 그 의미하는 바가 큽니다.

그리스도의 메시지는 아름다움과 진실성이 있어서 초기 한국 신자들을 감동시켰습니다. 복음의 내용이 그리고 복음의 요구, 곧 회개, 내적 쇄신, 사랑의 삶에 대한 요구가 이벽(서울 명동성당의 모태가 된 초기 순교자)을 비롯한 한국 교회 첫 세대의 양반 원로들을 감동시켰다는 점에 주의를 기울여야 합니다.

한국 교회는 바로 그 복음의 순수한 메시지에, 거울을 보듯이, 자신을 비추어 자신의 진정한 모습을 찾아야 합니다.

기억의 지킴이가 되는 것은 과거의 은총을 기억하고 고이 간직하는 것, 그 이상의 것을 의미합니다.

한국 교회의 삶과 사명은 궁극적으로 외적이고 양적이며 제도적인 잣대로 헤아릴 수 없습니다.

오히려 한국 교회의 삶과 사명은 분명한 복음의 빛과 그 요청에 비추어 바로 예수 그리스도께 돌아오라는 회개의 촉구에 따라 판단되어야 합니다.

20_ 한국 주교들과 만남 2014년 8월 14일, 목요일

기억의 지킴이, 세상으로 나아가는 교회

기억의 지킴이가 되는 것이란 성장시켜 주시는 분은 하느님이시라는 것을(1코린 3,6 참조) 깨닫고, 동시에 성장은 과거처럼 현재에도 고난을 이겨내며 끊임없이 일하는, 그러한 노고의 열매임을 깨닫는 것입니다.

순교자들과 지난 세대의 그리스도인들에 대한 기억은 지금 여기서 현실적이어야 합니다.

이상화되거나 '승리에 도취' 된 기억이 되어서는 안 됩니다.

지금 회개하라고 촉구하시는 하느님의 부르심을 듣지 않고 과거만 바라본다면 순교자들의 삶은 우리가 앞으로 길을 나아가는 데 아무런 도움이 되지 못합니다.

오히려 우리의 영적 진전을 가로막거나 실제로 멈추게 하고 말 것입니다.

여러분은 교회의 친교 안에서 성덕의 불꽃, 형제적 사랑의 불꽃, 선교 열정의 불꽃이 타오르게 함으로써 이 희망을 지키십시오.

저는 여러분이 언제나 여러분의 사제들 곁에 머무르도록 부탁합니다.

사제들 곁에 가까이 머무르십시오.

사제들이 주교를 자주 만날 수 있게 하십시오.

선교하는 교회, 세상을 향하여 끊임없이 나아가는 교회, 특히 이 시대 사회의 변두리로 나아가는 교회가 되라는 도전을 우리가 받아들인다면, 그리스도의 몸을 이루는 모든 지체를 받아들이고 그 지체 하나하나와 동화되는 데에 '영적인 맛'을 들여야 할 필요가 있습니다(교황 권고 '복음의 기쁨', 268항 참조).

대학교도 중요하지만 대학교만이 아니라 초등학교를 비롯하여 모든 단계의 가톨릭 학교가 자신들이 지닌 근본 사명을 수행하도록 뒷받침해 주십시오.

거기에서 젊은이들의 정신과 마음이 하느님과 그분의 교회에 대한 사랑 안에서 점점 자라게 됩니다. 게다가 그들이 좋은 것, 참된 것, 아름다운 것 안에서 자라나서 훌륭한 그리스도인이 되고, 정직한 시민이 될 수 있게 뒷받침해주십시오.

희망의 지킴이, 가난한 이들과의 연대하는 교회

희망의 지킴이가 된다는 것은 또한 가난한 이들에게 관심을 쏟으며, 특히 난민들과 이민들, 사회의 변두리에서 사는 이들과 연대를 실행하여, 한국 교회의 예언자적 증거가 끊임없이 명백하게 드러나도록 해야 한다는 의미입니다.

이러한 관심은 구체적인 자선 활동을 통해서만이 아니라—그것도 필요한 것이지만—사회, 직업, 교육 수준의 개선을 위한 지속적인 활동을 통해서도 드러나야 합니다.

우리는 가난한 이들을 돕는 일을 사업적인 차원으로만 축소시켜서는 안됩니다. 모든 사람이 반드시 한 인간으로서 성장하고 – 한 인간으로 성장할 권리 – 자신의 인격과 창의력과 문화를 존엄하게 표현하여야 할 필요성을 잊어버리는 위험에 빠질 수 있습니다.

가난한 이들과 함께 하는 연대는 복음의 중심에 있기에 그리스도인 생활의 필수 요소로 여겨야 합니다.

가난한 이들과 함께하는 연대는 교회의 풍요로운 유산인, 사회 교리를 바탕으로 한 강론과 교리 교육을 통하여 신자들의 정신과 마음에 스며들어야 합니다. 교회 생활의 모든 측면에 반영되어야 합니다.

사랑은 교회의 얼굴, 번영은 유혹의 얼굴

교회의 얼굴이 그 무엇보다도 먼저 사랑의 얼굴일 때에, 당신 신비체의 친교 안에서 더 많은 젊은이들이 다가올 것입니다. 언제나 거룩한 사랑으로 불타오르는 예수님의 마음에 이끌리어 올 것이라고 저는 확신합니다.

가난한 이들이 복음의 중심에 있다고 말씀 드렸습니다.

또한 복음의 시작과 끝에도 가난한 이들이 있습니다.

번영의 시기에 오는 위험인 유혹이 있습니다.

위험이란 그리스도교 공동체가 한갓 '사교 모임'이 되는 것입니다.

곧 신비적 측면을 잃고 하느님의 신비를 거행하는 능력을 잃어버린 그러한 공동체는 영적이고, 그리스도교적인 가치를 지닌 조직임에도 불구하고, 예언자적인 누룩을 잃어버린 조직에 머물게 되는 것입니다.

그렇게 되면 가난한 이들이 교회에서 할 일은 없어지고 맙니다.

이것은 역사 안에서, 개별 교회와 그리스도인 공동체들이 수없이 겪어 온 유혹입니다.

이는 또한 정신적 웰빙, 사목적 웰빙에 대한 유혹입니다.

곧 가난한 이들을 위한 가난한 교회가 아니라, 부자들을 위한 부유한 교회, 또는 잘사는 이들을 위한 중산층의 교회가 되려는 유혹입니다.

주의하십시오!

여러분의 교회는 번영하는 교회이고, 선교하는 훌륭한 교회이며, 커다란 교회이기 때문입니다.

악마가 가라지를 심지 못하도록 주의를 기울이십시오.

바로 교회의 예언자적 구조에서 가난한 이들을 제거하려는 유혹에 빠지지 마십시오.

부자들을 위한 부유한 교회, 하나의 웰빙 교회, 그런 교회가 되어서는 안 됩니다.

'번영의 신학'에 이르렀다고 말하지는 않겠습니다만, 그저 그런 안일한 교회는 되지 않도록 하십시오.

사랑하는 형제 여러분, 예언자적인 복음의 증거는 한국 교회에 특별한 도전들을 행하도록 요구합니다.

한국 교회가 번영하였으나, 매우 세속화되고 물질주의적인 사회의 한가운데에서 살고 일하기 때문입니다.

이러한 상황에서 사목자들은 복음서에서 예수님이 가르쳐 주신 기준보다도, 기업 사회에서 비롯된 능률적인 운영, 기획, 조직의 모델들을 더 받아들일 뿐 아니라 성공과 권력이라는 세속적 기준을 따르는 생활양식과 사고방식을 더 우선적으로 받아들이려는 유혹을 받고 있습니다.

십자가가 이 세상 사는 지혜를 판단할 수 있는 힘을 잃어 헛되게 된다면, 우리는 불행할 것입니다! (1코린 1,17 참조)

여러분과 여러분의 형제, 사제들에게 권고합니다.

그러한 온갖 유혹을 물리치십시오.

성령을 질식시키고, 회개를 무사안일로 대체하고, 마침내 모든 선교 열정을 소멸시켜 버리는 그러한 정신적 사목적 세속성에서 하늘이 우리를 구원해 주시기를 빕니다(교황 권고 '복음의 기쁨' 93-97항 참조).

모든 국가와 민족들이
하나 되게 하는 교회가 되라

8월 17일 충남 서산 해미성지에서 아시아 주교들과 만남을 가진 교황은 "아시아는 세상과 교회 미래의 중심"이라는 말로 아시아 교회들의 연대를 희망하였습니다. 이 만남에는 교황과 아시아 주교단, 교황청 국무원장 피에트로 파롤린 추기경을 비롯한 교황청 관계자 등 80여 명이 참석했습니다. 아시아 주교들과의 만남은 단순하고 짧았지만 중요한 의미가 있었습니다. 교황이 지역별 교회의 총책임자인 주교들과의 만남을 통해, 아시아 전체 교회를 만났기 때문입니다. 영어로 함께 성무일도를 드린 것은 세계 가톨릭 수장인 교황과 아시아의 고위 성직자들이 기도 안에서 '하나 됨'을 나타내는 것이었습니다.

일치는 주님께서 하느님 아버지께 드리는 마지막 청원기도였습니다. "그들이 모두 하나가 되게 해 주십시오."(요한 17,20-21)

인생을 살면서도 우리는 서로의 만남을 통해서 친교를 맺고 살아가는 목적지가 있습니다. 그것은 바로 일치입니다. 일치를 이루는 것은 참으로 아름다운 일이지만, 우리가 일치에 도달하기 위해서는 적지 않은 문제점이 존재하는 것도 사실입니다. 우리는 질문해야 합니다. 우리가 아무런 생각도 없이 노력하지 않고 자유롭게만 행동한다면 일치에 도달할 수 있을까요? 우리는 사랑 안에서 일치를 살아갈 능력을 더 키워야 합니다.

인간의 사랑은 본디 하느님의 사랑을 닮았습니다. 우리가 그분의 사랑 안에 영원히 살아간다면 죽지 않고 완전히 하나가 되는 기적이 일어날 것입니다. 우리는 하느님의 사랑을 보여준 교황을 통해서 그 일치의 희망을 보고 만났습니다.

교황은 "교회는 모든 국가와 민족들이 하나 되게 하고, 동시에 다양성을 파괴하는 것이 아니라 이를 인정하고 조화를 이루며 더 풍요롭게 해야 한다."고 말했습니다. 교황의 이런 의도는 "다른 이들에 대한 열린 마음으로, 성자 그리스도와 완전한 관계를 맺지 않은 아시아 국가의 모든 이익을 위해 대화를 추진해 나가길 바란다."는 주문으로도 잘 나타납니다.

교황은 교회가 전 인류의 일치를 위한 씨앗이 되어야 한다고 강조합니다. 우리는 그리스도 안에서 일치를 이루고, 다양성을 인정하며 조화를 이루어 더 풍요롭게 되도록 부름 받고 있습니다.

천주교 대전교구 사진 제공

제6부

그리스도인의 삶

천주교 대전교구 사진 제공

사람과 노동을 최고의 가치로

8월 15일 대전 월드컵경기장에서 열린 성모승천대축일 미사를 드리며, 교황은 강론을 통해 "우리 한 사람 한 사람이 하느님 말씀에 따라 새롭게 회개하고 우리 가운데 있는 가난하고 궁핍한 이들과 힘없는 이들에게 깊은 관심을 기울여야 한다."고 강조했습니다.

또한 강론에서 올바른 정신적 가치와 문화를 짓누르는 물질주의의 유혹에 맞서고, 이기주의와 분열을 일으키는 무한 경쟁의 사조(思潮)에 맞서 싸우라고 말했습니다. 특히 "새로운 형태의 가난을 만들어 내고 노동자들을 소외시키는 비인간적인 경제 모델들을 거부하기를 빈다."고 말했습니다. 이는 외적으로는 부유해도 내적으로 쓰라린 고통과 허무를 겪는 그런 사회에서, 우리 젊은이들을 구해내는 길이라는 간절한 메시지가 담겨 있습니다.

교황은 사도적 권고 「복음의 기쁨」에서, 자유시장으로 부추겨
진 경제성장(54항)에 뿌리를 둔 자본의 세계화와 배척의 경제(53
항)를 향해 '연대의 세계화' '희망의 연대'로 맞불을 놓았습니다.
'가난한 이들을 배려하라', '비인간적인 경제모델을 거부하라' 는
교황의 메시지를 가장 잘 받아들여야 할 이들은 중산층 이상의 생
활을 하는 이들입니다. 그 메시지는 가난한 이들을 위한 것이기
때문입니다. 세계의 거대 자본에 떠밀려 가난하고 궁핍한 처지로
내려 간 이들에게, 희망은 자비로운 나눔을 통한 연대의 세계화
로부터 온다고 말씀하십니다. "사람과 노동이 중심에 서야 합니
다. 위기는 경제적인 것일 뿐만 아니라 윤리적 영적 인간적인 것
입니다."[21]

21_ 칼리아리 사목방문 중 노동자들에게 한 연설(2013년 9월22일)

"사제들이 부자가 돼선 안 된다.""교회가 더 가난해져야 한다."
는 교황의 말씀들도 단순히 교회를 향한 것이라기보다는 돈과 권
력을 가진 이들이 가진 것을 내려놓는 방식의 경제기조로 바꾸어
야 한다는 뜻입니다. 복지도 단순히 나눠주기 식보다는 사회 시스
템을 인간적으로 강화하는 방식인 '희망의 연대'로 변화되어야
한다는 의미입니다. 이번 방한 기간 중 교황이 보여준 고통과 고
뇌에 빠진 사람들에 대한 끊임없는 관심과 배려는 이러한 연대의
모습을 있는 그대로 보여준 것입니다.

비인간적인
경제 모델들을 거부하기를 빈다

성모 마리아의 승천은 하느님의 자녀이며 그리스도의 지체인 우리들의 숙명을 보여 줍니다.

우리 어머니이신 성모님처럼 우리도 또한 죄와 죽음을 이기신 주님의 승리에 온전히 동참하도록, 그리고 주님의 영원한 나라를 주님과 함께 다스리도록 부르심을 받았습니다.

이것이 바로 우리의 소명입니다.

22_ 성모승천대축일 미사 2014년 8월 15일, 금요일

참된 자유, 아버지의 뜻을 받아들이는 데 있다

참된 자유는 아버지의 뜻을 사랑하는 마음으로 받아들이는 데에 있습니다.

은총이 가득하신 성모 마리아에게서 우리는 그리스도인의 자유가 단순히 죄에서 벗어나는 일보다 더 크다는 것을 배우게 됩니다.

그것은 영적으로 세상의 현실을 바라보는, 새로운 길을 열어 주는 자유입니다.

하느님과 형제자매들을 깨끗한 마음으로 사랑하는 자유이며, 그리스도의 나라가 오기를 기다리는, 기쁨이 가득한 희망 안에서 살아가는 자유입니다.

오늘 우리는 하늘의 모후이신 성모 마리아를 공경하고, 또한 한국 교회의 어머니이신 그분께 간청합니다.

세례 때에 우리가 받은 존엄한 자유에 충실하도록 우리를 도와주실 것을 그분께 간청합니다.

하느님의 계획대로 세상을 변모시키려는 우리의 노력을 이끌어 주시도록 성모 마리아께 간청합니다.

비인간적 경제모델들을 거부합니다

저는 우리나라의 그리스도인들이 사회의 모든 영역에서 정신적 쇄신을 가져오는 풍성한 힘이 되기를 빕니다.

그들이 올바른 정신적 가치와 문화를 짓누르는 물질주의의 유혹에 맞서, 그리고 이기주의와 분열을 일으키는 무한 경쟁의 사조에 맞서 싸우기를 빕니다.

새로운 형태의 가난을 만들어 내고 노동자들을 소외시키는 비인간적인 경제 모델들을 거부하기를 빕니다.

생명이신 하느님과 하느님의 모상을 경시하고, 모든 남성과 여성과 어린이의 존엄성을 모독하는 죽음의 문화를 배척하기를 빕니다.

고귀한 전통을 물려받은 한국 천주교인으로서 여러분은 그 유산의 가치를 드높이고, 이를 미래 세대에 물려주라는 부르심을 받고 있습니다.

그러기 위해서는 우리 한 사람 한 사람이 하느님의 말씀에 따라 새롭게 회개하여야 하고, 우리 가운데 있는, 가난하고 궁핍한 이들과 힘없는 이들에게 깊은 관심을 기울여야 합니다.

성모 마리아께서는 '주님께서 하신 말씀이 이루어지리라고 믿으신 분!' (루카 1,45)이기에 복되십니다.

그분 안에서 하느님의 모든 약속은 진실하게 드러났습니다.

영광 속에 앉으신 성모님께서는 우리들의 희망이 현실이라는 것을 보여 주십니다.

지금 이 순간에도 그 희망은 '우리 생명을 위한 안전하고 견고한 닻과 같아' (히브 6,19 참조) 그리스도께서 영광 속에 앉으신 곳에 닿게 합니다.

이 희망은, 사랑하는 형제자매 여러분, 복음이 제시하는 이 희망은, 외적으로는 부유해도 내적으로 쓰라린 고통과 허무를 겪는 그런 사회 속에서, 암처럼 자라나는 절망의 정신에 대한 해독제입니다.

이러한 절망이 얼마나 많은 우리의 젊은이들에게 피해를 주고 있습니까!

오늘날 우리 곁에 있는 이런 젊은이들이 기쁨과 확신을 찾고, 결코 희망을 빼앗기지 않기를 바랍니다.

청빈이 생활 속에 구체화되는 삶

    교황은 그리스도인의 삶은 청빈해야 한다는 메시지를 방한 기간 내내 전했습니다. 2014년 8월 16일 충북 음성 꽃동네 '사랑의 수도원'에서 4000여 명의 수녀와 수사들을 만난 자리에서도 마찬가지였습니다. 강론을 통해 교황은 "정결과 청빈, 순명은 하느님 자비의 반석 위에 굳건하게 머무는 기쁜 증언이 될 것"이라고 조언했습니다.

    전국에서 수많은 수도자들이 꽃동네로 모였습니다. 서울 광화문 시복식 미사를 마친 후였습니다. 어떤 수도자는 교황과의 만남을 위해 오전 시복식 미사, 오후 교황과 수도자와의 만남 등 두 탕이나 뛰면서 꽃동네에 도착했습니다. 그런데 교황의 꽃동네 장애우들과의 만남이 예정 시간을 훨씬 넘겨 진행되었습니다.

    수도자들은 토요일과 일요일이 한 주간에 가장 바쁜 날, 소위 대목입니다. 그들은 오지 않는 교황을 기다리면서 많이 지루해했고 가끔 힘들어 하기도 했습니다. 드디어 교황께서 수도자들 앞에 환하게 웃으며 등장했습니다. 순간 그 동안의 피곤함이 거짓말처럼 사라졌습니다. 비록 함께하기로 계획한 성무일도 기도는 하지 못했지만, 매우 행복한 시간을 가졌습니다.

특히 교황은 봉헌생활에서 청빈은 봉헌생활의 방벽이자 어머니라며 "생활양식에서 청빈의 구체적인 표현을 찾아내야만 한다."고 강조했습니다. 청빈이 생활 속에 구체화되어야 한다는 의미입니다. 또한 "부자로 살아가는 봉헌된 사람들의 위선이 신자들의 영혼에 상처를 입히고 교회를 해친다."며 "실용적이고 세속적인 사고방식을 받아들이려는 유혹이 얼마나 위험한 것인지 생각해 보라."고 권고했습니다.

게다가 교황은 수도회의 카리스마가, 관상을 더 지향하든 활동생활을 더 지향하든, 그 수도회의 과업은 바로 공동체 생활을 통하여 하느님의 자비에 대한 전문가가 되는 것이라고 말했습니다. 사람들이 함께 사는 공간에서 자비의 전문가로 살아가는 것은 상대방을 판단하지 않고 있는 그대로 받아들이는 것입니다.

청빈은 봉헌 생활을 지켜주는 방벽이고
올바른 길로 이끄는 어머니다

성소의 중심에 하느님의 사랑이 있다

기쁨은 한줄기 빛으로라도 언제나 우리 곁에 있으며, 이는 끝없이 사랑받고 있다는 개인적인 확신에서 생겨납니다.

하느님께 사랑받는다는 굳건한 확신이 여러분 성소의 중심에 있습니다.

이 기쁨은 기도 생활과 하느님 말씀 묵상에서, 성사 거행과 참으로 중요한 공동체 생활에서 자라나는 선물입니다.

23_ 한국 수도 공동체들과 만남 2014년 8월 16일, 토요일

수도자, 자비의 전문가

여러분 수도회의 카리스마가, 관상을 더 지향하든 활동 생활을 더 지향하든, 여러분의 과업은 바로 공동체 생활을 통하여 하느님의 자비에 대한 '전문가'가 되는 것입니다.

공동체 생활은 마음의 양성을 위한 섭리적인 토양입니다.

우리는 바로 공동체 생활을 통하여, 자비와 인내와 완전한 사랑 안에서 성장하도록 부름 받고 있습니다.

여러분의 정결, 청빈, 순명은 하느님 자비의 반석 위에 굳건하게 머무는 그만큼, 하느님 사랑에 대한 기쁜 증언이 될 것입니다.

하느님의 자비가 반석입니다. 성숙하고 관대한 순명은 종의 모습을 취하셔서 고난을 통하여 순명을 배우신(수도 생활 교령 14항 참조) 그리스도께 기도 안에서 일치하도록 요구합니다.

지름길은 없습니다.

하느님께서는 우리 마음을 온전히 바라십니다.

이는 우리가 언제나 더욱더 '우리 자신에게서 벗어나고' 또 '우리 자신에게서 뛰쳐나가야' 한다는 것을 의미합니다.

정결은 우리 마음의 반석이신 하느님 사랑에만 자신을 바치는 여러분의 자기 증여를 표현합니다.

봉헌생활의 어머니는 청빈

가난한 사람이 된다는 것은 보물을 발견하는 것을 뜻합니다.

봉헌 생활에서 청빈은 '방벽' 이자 '어머니' 입니다.

봉헌 생활을 지켜 주기에 '방벽' 이고, 성장하도록 돕고 올바른 길로 이끌기에 '어머니' 입니다.

청빈 서원을 하지만 부자로 살아가는 봉헌된 사람들의 위선이 신자들의 영혼에 상처를 입히고 교회를 해칩니다.

봉헌 생활이 교회와 세상을 위한 소중한 선물임을 보여주기 위하여, 여러분이 할 수 있는 모든 것을 매우 겸손하게 행하십시오.

여러분 자신만을 위하여 봉헌 생활을 간직하지 말고, 사랑받는 이 나라 곳곳에 그리스도를 모시고 나가 봉헌 생활을 나누십시오.

그리스도인의 정체성과 열린 마음

교황은 8월 17일 아시아 주교들과 만남에서 연대성을 강조했습니다. 연대성은 그리스도인의 자유와 관련되고, 참된 자유는 아버지의 뜻을 사랑하는 마음으로 받아들이는 데에 있습니다. 그것이 희망의 연대성을 향하는 그리스도인의 정체성을 분명하게 하는 길이라고 교황은 말합니다. 그리스도에 대한 우리의 살아 있는 믿음이야말로 우리의 근본적 정체성입니다. "우리의 삶이 바로 그리스도이므로 그리스도에 대하여 준비된 자세로 망설임이나 두려움 없이 말하십시오." 이런 교황의 말씀은 큰 울림이 있는 메시지로 주교들에게 전해졌습니다.

교황은 '상대주의와 피상성, 쉬운 해결책, 즉 규칙과 규정 뒤에 숨어 확실한 안전을 택하려는', 경계해야 할 세 가지 유혹을 제시합니다. 게다가 다양한 방식으로 나타나고 있는 세속정신에 유혹되지 말아야 한다고, 그리고 우리 형제자매를 사랑하고 섬기는 단순성이야말로 그리스도인이 지향해야 할 삶이라고 자신의 의견을 피력하였습니다.

모든 진정한 대화의 출발점은 그리스도인이라는 분명한 정체성과 함께, 다른 이와 더불어 공감하는 데서 시작된다고 말했습니다. 교황 본인이 정체성과 공감, 그리고 열린 마음을 가지고 사람들과 함께 걸어가고 있습니다. 교황은 자신의 모범을 통해, 진정으로 마음을 열고 다른 이들을 받아들이는 사려 깊은 마음가짐으로 대화하라고 말합니다. 진심으로 연대하라는 메시지를 우리에게 분명히 전한 것입니다.

우리의 대화가 독백이 되지 않으려면
생각과 마음을 열어야 한다

확고한 정체성으로 대화하는 아시아교회

많은 다양한 문화가 생겨난 이 광활한 대륙에서, 교회는 유연성과 창의성을 발휘하여 대화와 열린 마음으로 복음을 증언하라는 요청을 받고 있습니다.

이것은 여러분의 과업입니다.

사실, 대화는 아시아 교회 사명의 본질적인 부분입니다(「아시아 교회」, 29항 참조).

그런데 다른 이들과 또 다른 문화와 대화를 시도할 때 무엇에서부터 시작해야 하겠습니까?

그것은 분명 우리의 정체성, 곧 그리스도인이라는 우리의 정체성에서 시작되어야 합니다.

24_ 아시아 주교들과 만남 2014년 8월 17일, 일요일

우리가 우리 자신의 정체성을 의식하지 않는다면 진정한 대화를 나눌 수 없습니다.

자신의 정체성을 명확히 의식하고 다른 이와 공감하는 것이야말로 모든 대화의 출발점이라 하겠습니다.

자유롭게 열린 마음으로 의미 있는 대화를 하려면 우리 자신은 누구이며, 하느님께서는 우리를 위하여 어떤 일을 하셨는지, 또 하느님께서 우리에게 원하시는 것은 무엇인지를 분명히 알고 있어야 합니다.

우리의 대화가 독백이 되지 않으려면 생각과 마음을 열어 다른 사람, 다른 문화를 받아들여야만 합니다.

두려움 없는 도전들

두려움을 갖지 말아야 합니다.

두려움은 이러한 개방성에 대한 적입니다. 그러나 우리의 정체성을 확립하고 표현한다는 것이 언제나 쉬운 일만은 아닙니다.

왜냐하면 죄인인 우리는 항상 다양한 방식으로 나타나는 세속정신에 유혹을 받기 때문입니다.

그 중 세 가지에 대해 말씀드리겠습니다.

첫째는 상대주의라는 거짓된 빛입니다.

상대주의란 그저 하나의 사고 체계가 아니라 우리도 알지 못하는 사이에 우리 정체성을 무너뜨리는, 날마다 이루어지는 실천적 상대주의입니다.

두 번째로 세상이 우리 그리스도인들의 정체성을 위협하는 방식은 피상성입니다.

피상성은 무엇이 옳은지 분별하기(필리 1,10 참조)보다는 최신의 유행이나 기기, 오락에 빠지는 경향을 말합니다.

덧없는 것을 찬양하는 문화, 회피와 도피의 길이 수없이 열려 있는 문화에서는, 이런 피상성이 사목에 중대한 문제가 될 수 있습니다.

피상적으로 나누는 대화는 한갓 협상의 형태나 서로서로 표면적인 합의로 전락하게 됩니다.

세 번째 유혹도 있습니다.

쉬운 해결책, 이미 가지고 있는 공식, 규칙과 규정들 뒤에 숨어 확실한 안전을 선택하려는 유혹입니다.

예수님께서는 법규, 규정, 쉬운 해답 뒤에 숨었던 사람들과 맞서 싸우셨습니다.

그들을 위선자라 부르셨습니다.

신앙은 자신에게만 몰두하는 것이 아닙니다.

신앙은 그 본성이 '밖으로 나가는 것'입니다.

신앙은 이해를 추구하며 증언을 불러일으킵니다.

선교를 낳습니다.

곧, 신앙은 우리가 담대하면서도 겸손하게 희망과 사랑을 증언하게 해 줍니다.

그리스도인의 정체성 드러내기

다시 말씀드리면, 그리스도에 대한 우리의 살아 있는 믿음이야말로 우리의 가장 근본적인 정체성이고, 주님 안에 뿌리를 둔 정체성인 것입니다.

그분 말씀의 단순성은 우리 삶의 단순성에서 명확히 드러나고, 우리 대화의 단순성에서 드러나며, 우리 형제자매를 사랑하고 섬기는 우리 일의 단순성에서 드러납니다.

여러분 교회에서 진행되는 교리교육이나 청소년 사목에서, 번창하는 사회의 변두리에서 신음하는 사람들과 가난한 이들을 위한 봉사에서, 그리고 사제직과 수도 생활에 대한 성소를 키워 내는 노력들에서, 그리스도인의 정체성이 드러나고 있습니까?

그런 결실들 안에서 그리스도인의 정체성이 분명하게 드러납니까?

이것이 제가 드리는 질문입니다.

여러분 각자 거기에 대해 생각해 보시기 바랍니다.

공감능력, 영적통찰력의 결실

마지막으로 진정한 대화에는 그리스도인이라는 우리의 분명한 정체성과 함께, 더불어 공감할 수 있는 능력도 요구됩니다.

대화가 이루어지려면 이러한 공감이 있어야 합니다.

다른 이들이 하는 말을 듣는 것만이 아니라, 말로 하지는 않지만 전달되는 그들의 경험, 그들의 희망, 그들의 열망, 그들의 고난과 걱정도 들을 수 있어야 합니다.

이러한 공감 능력은 영적 통찰력과 개인적 경험의 결실이며, 우리가 다른 이들을 형제자매로 받아들이게 합니다. 그들이 말과 행동으로 표현하지 않는 것까지도 들을 수 있게 합니다.

그들의 마음이 전달하고자 하는 소리를 들을 수 있게 합니다.

이러한 의미에서, 우리는 대화를 위해서 진정으로 마음을 열고 다른 이들을 받아들이는, 사려 깊은 마음가짐을 가져야만 합니다.

내가 다른 사람들에게 마음을 열지 않으면 대화를 할 수 없습니다.

대화는 마음을 여는 것, 그 이상이어야 합니다.

곧, 받아들여야 합니다.

여러분의 정체성을 가지고 다른 사람들의 말에 귀를 기울이십시오.

정체성, 공감, 열린 마음

그렇게, 나의 정체성과 나의 공감, 열린 마음으로 나는 다른 사람들과 함께 걸어갑니다.

나는 그를 내 편으로 끌어오려고 애쓰지 않습니다.

나는 그를 개종시키려 하지 않습니다.

베네딕토 교황님은 우리에게 분명하게 말씀하셨습니다.

"교회는 개종 권유로 성장하는 것이 아니라 매력으로 성장합니다."

정체성과 열린 마음을 지니십시오.

이것이 더 깊은 이해와 우정과 연대로 가는 길입니다.

성 요한바오로 2세 교황님께서도 말씀하셨듯이, 대화를 향한 우리의 투신은 강생의 논리에 그 근거를 두고 있습니다.

하느님께서는 예수님 안에서 우리와 같은 사람이 되셨고, 우리와 함께 사셨으며, 우리가 하는 말로 우리에게 말씀하셨습니다(「아시아 교회」, 29항 참조).

다른 이들에 대한 열린 마음으로, 저는 아직 성좌와 완전한 관계를 맺지 않고 있는 아시아 대륙의 몇몇 국가들이 모두의 이익을 위하여 주저 없이 대화를 추진해 나가기를 희망합니다.

저는 정치적인 대화만을 말하는 것이 아니라 형제적인 대화를 말하는 것입니다.

죄 지은 형제를 일곱 번이 아니라
일흔일곱 번이라도 용서해야 한다[25]

회심, 온 민족이 함께 올리는 기도

한 가정을 이루는 이 한민족의 화해를 위하여 드리는 기도입니다.

예수님께서는 오늘 복음에서, 우리 가운데 두 사람이나 세 사람이 예수님의 이름으로 함께 모여 무엇인가를 청할 때, 우리의 기도가 얼마나 큰 힘을 지니게 되는지를 우리에게 말씀하십니다(마태 18,19-20 참조).

그렇다면 온 민족이 함께 마음 깊은 곳에서 우러나오는 간청을 하늘로 올려 드릴 때, 그 기도는 얼마나 더 큰 힘을 지니겠습니까!

화해, 일치, 평화라는 하느님의 은혜들은 이러한 회심의 은총과 분리될 수 없이 연결되어 있습니다.

회심이란, 한 개인으로서 그리고 하나의 민족으로서, 우리의 삶과 우리 역사의 흐름을 바꿀 수 있는 마음의 새로운 변화를 의미합니다.

25_ 평화와 화해를 위한 미사 2014년 8월 18일, 월요일

이 부르심은 여러분 각자가, 개인으로서 또한 공동체 차원에서, 불운한 이들, 소외된 이들, 일자리를 얻지 못한 이들, 대부분이 누리는 번영에서 배제된 이들을 위하여, 과연 얼마만큼 복음적 관심을 증언하는가에 대하여 반성하도록 도전해 옵니다.

용서해야 한다

여러분이, 그리스도인으로서 또 한국인으로서, 이제 의심과 대립과 경쟁의 사고방식을 확고히 거부하고, 그 대신에 복음의 가르침과 한민족의 고귀한 전통 가치에 입각한 문화를 형성해 나가도록 요청합니다.

"내가 너에게 말한다. 일곱 번이 아니라 일흔일곱 번까지라도 용서해야 한다."(마태 18,21-22).

이 말씀은 화해와 평화에 관한, 예수님의 메시지가 지닌 깊은 핵심을 드러냅니다.

그분의 명령에 순종함으로써, 우리는 하늘에 계신 아버지께, "저희에게 잘못한 이를 저희가 용서하오니" 저희 죄를 용서해 주시라고 날마다 기도하게 됩니다.

만일 우리에게 잘못한 사람들을 용서할 준비가 되어 있지 않다면, 우리가 어떻게 평화와 화해를 위하여 정직한 기도를 바칠 수 있겠습니까?

예수님께서는 용서야말로 화해로 이르게 하는 문임을 믿으라고 우리에게 요청하십니다.

우리의 형제들을 아무런 남김없이 용서하라는 명령을 통해, 예수님께서는 우리에게 전적으로 근원적인 무언가를 하도록 요구하십니다. 게다가 그것을 실행하기 위해 필요한 은총도 우리에게 주십니다.

　　인간의 시각으로 볼 때에는 불가능하고 비실용적이며, 심지어 때로는 거부감을 주는 것이라 하더라도, 그분께서는 당신 십자가의 무한한 능력을 통해 그것을 가능하게 하시고 또한 그 열매를 맺게 하십니다.

분열과 상처의 치유, 십자가

그리스도의 십자가는 모든 분열의 간격을 메우고 모든 상처를 치유하며 형제적 사랑을 이루는 본래적 유대를 재건하는, 하느님의 능력을 드러냅니다.

그렇습니다.

바로 이것이 제가 한국 방문을 마치며 여러분에게 남기는 메시지입니다.

그리스도 십자가의 힘을 믿으십시오!

그 화해시키는 은총을 여러분의 마음에 기쁘게 받아들이고, 그 은총을 다른 이들과 함께 나누십시오!

여러분의 집에서, 여러분의 공동체들 안에서, 그리고 국민 생활의 모든 영역에서 그리스도의 화해 메시지를 힘차게 증언하기를 여러분에게 부탁합니다.

다른 그리스도인들과 함께, 또한 다른 종교의 신자들과 함께, 그리고 한국 사회의 미래를 염려하는 선의의 모든 형제자매와 함께 이루는 우정과 협력의 정신 안에서, 여러분은 이 땅에 하느님 나라의 누룩이 될 것이라고 저는 확신합니다.

그리하여 평화와 화해를 이루기 위한 우리의 기도가 이제 더욱 순수한 마음으로 하느님께 올려져, 그분께서 주시는 은총의 선물로, 마침내 우리 모두가 열망하는 고귀한 선을 얻게 될 것입니다.

이제 대화하고 만나고

그러므로 이제 대화하고, 만나고, 차이점들을 넘어서기 위한 새로운 기회들이 샘솟듯 생겨나도록 우리 모두 기도합시다.

도움이 필요한 이들에게 인도주의적 원조를 제공함에 있어 관대함이 지속될 수 있도록, 그리고 모든 한국인이 같은 언어로 말하는 형제자매이고 한 가정의 구성원들이며 하나의 민족이라는 사실에 대한 인식이 더욱더 널리 확산될 수 있도록 우리 함께 기도합시다.

저는 특별히 복음에 봉사하기 위하여, 또 믿음과 희망과 사랑 안에서 하느님의 백성을 건설하기 위하여, 날마다 일하고 있는 한국의 사제들에게 직접 감사의 마음을 전하고 싶습니다.

여러분은 그리스도의 사절로서, 또 그분의 화해시키는 사랑의 직분을 맡은 사람으로서(2코린 5,18-20 참조), 존경하고 신뢰하며 조화롭게 협력하는 유대를 여러분의 본당 안에서, 여러분 사제들 사이에서, 그리고 여러분의 주교들과 함께 계속 이루어 나가기 바랍니다.

저는 믿습니다. 여러분은 주님을 향한 여러분의 남김 없는 사랑의 모범, 여러분 직무에 대한 충실성과 헌신, 그리고 도움이 필요한 사람들에 대한 애덕 가득한 관심으로, 이 나라에서 화해와 평화를 위한 노력에 지대한 공헌을 하게 될 것입니다.

교황은 8월 20일 바티칸에서 열린 수요 일반 알현에서 "한국민에게 평화와 번영의 선물을 주시길 바란다."는 기도를 올렸고 8월 26일 대전교구 유흥식 라자로 주교에게 다음과 같이 감사의 편지를 보내왔습니다.

대전교구의 주교님과 성직자, 수도자 그리고 평신도 여러분께서 저의 한국 사목 방문기간 동안 보여주신 따뜻한 환대에 깊은 감사의 인사를 드립니다. '제6차 아시아청년대회'에 참석한 저를 도와주신 많은 노고에 고마움을 전하며, 이 축제를 통해 주어진 주님의 은총이 대전교구의 신자, 특히 젊은이 안에서 풍성한 열매를 맺길 기도합니다.

주교님과 주교님의 사목적 배려에 맡겨진 모든 분들에게 사도적 축복을 드리며 여러분을 위해 기도합니다.

교황은 8월 23일 교황방한위원회에 "한국 방문은 커다란 선물이자 축복이었다고 전하였습니다."

교황은 9월 25일 로마에서 교황을 알현한 염수정 추기경에게 "한국에서의 기억이 제 마음속에 남아 있습니다."라고 소회를 전했습니다.

염 추기경은 "지난 8월 방한에 진심으로 감사하다. 한국민들과 한국 교회 역시, 교황님께서 남겨주신 말씀과 행보를 기억하며 마음에 되새기고 있다."고 전했습니다. 교황은 "환대해 주신 한국인들에게 저 역시 매우 감사하다."며 "한국에서의 많은 일정에도 불구하고 매우 좋았다"고 말했습니다. 염 추기경이 "교황님의 한국 방문이 우리 사회의 상처를 받은 이들과 갈등을 겪고 있던 이들에게 큰 위안과 치유가 되었다."고 전하자, 교황은 "제 자신도 위로를 받은 시간이었다."고 대답하였습니다.[26]

26_ 경향신문 2014년 10월1일

프란치스코 교황, 따뜻한 아버지, 친근한 벗으로 우리에게 오시다

교황의 한국 방문(2014년 8월 14일-18일)에서 프란치스코 교황은 우리에게 '자비로운 아버지'와 '따뜻한 친구'로 가까이 오셨습니다.

교황님의 방문은 우리에게 위로와 치유의 선물이 되었고 매우 큰 기쁨이 되었습니다.

비행기에서 내려오는 프란치스코 교황을 보고 많은 사람들은 눈물을 흘렸습니다. 눈물과 웃음, 이것은 자비로운 아버지와 따스한 친구를 만났을 때 나오는 영적 치료약입니다.

오늘날 최고의 영적 멘토, 영성가는 바로 우리 가까이에 오셨던 교황 프란치스코입니다. 그리스도교 영성생활의 참 모습은 우리 시대의 영성가, 프란치스코 교황의 말씀과 삶이 뿌리를 내리고 있는, 따뜻한 아버지이자 친근한 벗입니다. 바로 우리나라를 방문하여 프란치스 교황께서 보여주신 말씀과 삶입니다.

그분은 우리에게 자비로운 아버지, 따뜻한 친구입니다. 우리를 가까이 찾아주었고, 특히 가난한 사람과 함께 하십니다.

프란치스코 교황께서
우리에게 보내 준 마지막 메시지는
용서하라! 화해하라!
였습니다.[27]

프란치스코 교황은 방한을 마치며 마지막으로 강조합니다. 의심과 대립과 경쟁의 사고방식을 확고히 거부하고, 그 대신에 복음의 가르침과 한민족의 고귀한 전통 가치에 입각한 문화를 형성해 나가도록 요청했습니다.

"내가 너에게 말한다. 일곱 번이 아니라 일흔일곱 번까지라도 용서해야 한다."(마태 18,21-22). 이 말씀은 화해와 평화에 관한 예수님 메시지의 깊은 핵심을 드러냅니다. "예수님께서는 용서야말로 화해로 이르게 하는 문임을 믿으라고 우리에게 요청하십니다."

27_ 바티칸에서, 2014년 8월 26일

교황이 한국 방문을 마치며 남기는 메시지는 다음과 같습니다.

"그리스도의 십자가는 모든 분열의 간격을 메우고, 모든 상처를 치유하며, 형제적 사랑을 이루는 본래적 유대를 재건하는 하느님의 능력을 드러냅니다. 그리스도 십자가의 힘을 믿으십시오! 이제 만나고 대화하며, 차이점들을 넘어서기 위한 새로운 기회들이 샘솟듯 생겨나도록 우리 모두 기도합시다."

교황은 특별히 한국의 사제들에게 직접 감사의 마음을 다음과 같이 전합니다. "여러분은 그리스도의 사절로서, 또 그분의 화해시키는 사랑의 직분을 맡은 사람으로서(2코린 5,18-20 참조), 존경하고 신뢰하며 조화롭게 협력하는 유대를, 여러분의 본당 안에서, 여러분 사제들 사이에서, 그리고 여러분의 주교들과 함께 계속 이루어 나가기 바랍니다." 교황은 이제 분열과 상처를 치유하여 국민 생활의 모든 영역에서 그리스도의 화해 메시지를 힘차게 증언하길 부탁하였습니다.

교황은 8월 15일 충남 솔뫼에서 행사를 마친 뒤, 헬기로 서울 용산역에 내린 다음 서강대 예수회 사제관으로 깜짝 방문을 하였습니다. 교황은 즉흥연설을 통해서 인상 깊은 말씀을 남깁니다. 야전병원인 교회 안에 "위로가 필요한 상처들이 너무나 많다."고 강조하였습니다. 야전병원의 교회에서 진료는 사목자들의 몫입니다. 교황은 사제의 삶을 겨냥해서 "제발 성직자가 아닌 하느님 백성을 위로해 주는 진정한 사목자가 되어달라."고 강하게 요청하였습니다.

오늘의 교회에 가장 필요한 것은 신자들의 가슴을 따뜻하게 하고 상처를 치유할 능력이라고 교황은 잘 이해하고 있었습니다. 교황은 교회가 전쟁 후의 야전병원이라고 보고, 심각하게 부상을 당한 사람에게 고지혈증과 당뇨가 있는지 묻는 것은 소용없는 일이라고 합니다. 즉시 환자의 상처를 치료해야 합니다.[28]

교황 프란치스코가 우리에게 남긴 '행동하는 말씀'은 섬김과 사랑입니다. 섬김과 사랑, 위로로 치유하고, 용서와 화해로 회복하는 오늘의 교회는 야전병원이 되어야 합니다.

28_ 안토니오 스파다 신부와 한 인터뷰(2013년 8월19일)

■추천사

모든 이가 가정처럼 느끼는
어머니 같은 교회를!

　프란치스코 교황님의 방한은 그리스도인들은 물론이고 국민들을 감동시킨 역사적인 사건이었습니다. 저는 교황님의 한국 방문이 성모님과 우리의 장한 순교자들의 전구에 의한 기적이라고 믿습니다.

　'모든 이와 소통을 하는, 가난한 이들의 벗'으로 프란치스코 교황님께서 한국에 오셨습니다.

　교황님께서는 아시아청년대회에 참석하셨고, 한국 최초 사제 김대건 안드레아 신부의 탄생지 솔뫼, 초기 천주교 신앙 선조들의 처형지 서소문성지, 수많은 이들이 이름 없이 목숨을 바친 해미성지 등을 순례하셨습니다.

　윤지충 바오로와 동료 순교자 123위 시복식과 한반도의 평화와 화해를 위한 미사를 봉헌한 것은 우리나라에 베푸신 하느님의 큰 은총이었습니다.

　문화와 언어, 관습, 피부색이 다른 아시아의 청년들이 순교자들의 땅에 모여 교황님과 가졌던 만남의 시간은 아시아를 넘어 온 인류가 하나 될 수 있음을 증명하였습니다.

교황님께서 젊은이들과의 만남에서 "희망을 도둑질하게 내버려두지 말라", "주님, 당신은 저의 삶에서 무엇을 원하십니까?"라는 말씀으로 젊은이들에게 용기와 희망을 주시던 열기를 저는 아직도 생생하게 기억하고 있습니다.

교황님께서는 늘 얼굴에 웃음이 가득하시고, 소박하시고, 겸손하시며, 가난하신 모습이셨습니다.

그 원인을 살펴보면 교황님은 예수님을 충실히 따르면서 그 누구 편도 아닌, 바로 '사람' 편이셨습니다. 사람 자체를 소중하게 여기셨습니다.

우리 각자는 살아가는 모습이 다릅니다. 하지만 교황님의 모습을 보면서 뭔가 다르다는 것을 강하게 느꼈습니다.

낮은 곳에서 모든 것을 바라보려는 시각, 어려운 사람을 대하시는 모습에서 말입니다. 누구에게 이익이 되냐, 누구 편이냐를 계산하는 이들에게 교황님의 이러한 모습들은, 내가 지금까지 어떻게 살아왔는지! 자신의 삶을 되돌아보는 기회가 되었습니다. 이런 마음은 저뿐만 아니라 다른 많은 이들도 이구동성으로 공감하는 마음이었습니다.

교황님께서 한국을 방문하며 보여주신 모습들을 통해서 우리 국민들은 참으로 행복했습니다.

행복이 무엇입니까? 행복은 완성되거나 결정되는 것이 아니라, 우리가 마음을 다해 사랑할 때 행복이 유지되고 지속됩니다.

교황님께서 스스로 행복해 하시는 모습을 보는 우리 모두도 행복했습니다. 하느님을 사랑하고 도움이 필요한 이들을 사랑하는 것이 참 행복이라는 사실을 교황님께서 몸소 실천해 보여주셨습니다.

저는 결코 잊지 못할 것입니다. 교황님께서 방한하시는 동안, 세월호 유가족들의 손을 잡아주고 눈을 맞추셨으며 "가슴이 아픕니다. 고통 앞에서 중립적일 수 없습니다."라고 하신 말씀을, 게다가 위안부 할머니에게 허리를 굽혀 말씀을 듣는 모습을.

남과 북이 갈라져 있는 현실에서 젊은이들과 국민들에게 보여준 교황님의 강력한 희망은 매우 단순했습니다. 서로가 형제들이며 똑같은 언어를 사용하는 것이, 한 형제자매들이 되어 남과 북이 통일을 이룰 수 있는 희망의 첫 번째 요소라고 말씀하셨습니다.

교황님께서는 한 걸음 더 나아가 한국을 떠나시기 전에, "그리스도 십자가의 힘을 믿으십시오!"라고 우리 모두에게 메시지를 남기셨습니다.

우리가 하느님의 자비를 청하며 끊임없이 기도하면 그 희망을 실현시킬 수 있습니다.

교황님께서는 우리의 장한 순교자들의 삶을 우리가 기억하길 원했습니다. 게다가 그 증거의 삶을 통하여 세상 사람들에게 희망을 주기를 간절히 요청하셨습니다.

순교자들과 그리스도인 공동체는 예수님을 따를 것인가, 아니면 세상을 따를 것인가, 둘 중에 하나를 선택해야만 했습니다. 그들은 엄청난 희생을 치를 각오가 되어 있었는데, 바로 박해를 의미하였습니다. 우리나라의 초기 그리스도교 공동체는 깊은 산속으로 들어가 교우촌을 이루면서 당 시대의 계급을 넘어 한 형제자매가 되었습니다. 서로 돕고 사랑하며 가진 것을 나누면서 살았습니다. 프란치스코 교황님께서 간절히 바라시는 '모든 이가 가정처럼 느끼는 어머니 같은 교회, 가난한 이들을 위한 가난한 교회'의 모습을 지녔습니다.

교황님의 방한은 이제 지나간 과거입니다. 이제 우리는 그분이 보여주신 모습과 메시지들을 차분히 실행에 옮길 수 있는 길과 방법들을 찾아야 할 것입니다. '나'로부터 변화하여 내가 속한 가정에서 일터로, 내가 속한 단체, 본당, 교구에서 온 교회로, 온 사회로 퍼져 나가야 합니다. 사람을 소중하고 귀하게 여기며, 서로 협력하고 연대하여 새로운 거대한 흐름을 만들 수 있기를 기대해 봅니다.

내가 예수 그리스도와의 깊은 친교를 살고, 특별히 복음 말씀을 생활에 옮기며 느끼는 기쁨을 지니고, 온 세상으로, 변방으로 나아가 복음의 기쁨을 나누도록 해야 합니다. 이런 그리스도인과 교회를 현대인들은 원하고 있습니다. 프란치스코 교황님께서 좋은 모범을 우리에게 보여주고 계십니다.

나는 곽승룡 총장 신부가 교황 방한 직후, 우리에게 남겨준 교황의 말씀과 행보들을 모아, 우리 삶의 길잡이가 될 책을 출판하게 된 것을 기쁘게 생각합니다. 하양인 출판사에게도 축하드립니다. 교황 방한에서 교회와 한국 국민들에게 남겨주신 귀한 교황의 메시지가 세상의 어려움을 지혜롭게 이겨나가는 데 큰 도움이 되기를 희망하며 이 책을 특별히 추천합니다.

2014년 묵주기도성월 4일 성 프란치스코 축일에
천주교 대전교구장 유흥식 라자로 주교

지은이 **곽승룡** 신부

충남 논산에서 태어나 가톨릭대학교 신학대학과 로마 교황청립 우르바노대학교를 졸업했다. 1995년 교의신학박사 S.T.D를 취득하였으며 교황청립 동방연구소(Pontificio Istituto Orientale)에서 동방신학과 영성을 연구하였다. 1989년 대전교구 사제로 서품을 받고 충남 당진과 대전 용전동 그리고 금산성당과 대전교구 사목기획국에서 사목을 했다. 1996년부터 대전가톨릭대학교에서 교의신학을 강의했으며 2013년부터 총장으로 봉직하고 있다.

지은 책으로는 《도스토예프스키의 비움과 충만의 그리스도》, 《비움의 영성》, 《자비》, 《복을 부르는 마음》, 《기도, 영혼이 다시 태어나는 순간》, 《뒤통수가 멋진 사람》, 《당신을 축복합니다》, 《신학이 사목을 만나고, 사목이 신학을 찾을 때》, 번역서 《선교신학》, 《어제와 오늘 그리고 항상 계실 예수 그리스도》, 《마음으로 드리는 기도》, 《그리스도교 동방영성》등이 있다.

2014 KOREA
프란치스코 메시지

교회인가 2014년 11월 4일, 천주교 서울대교구
성경   교회문헌 ⓒ 한국천주교중앙협의회

초판 1쇄 2015년 2월 18일 (재의 수요일)
재판 1쇄 2015년 4월 01일

지은이 곽승룡 신부
그린이 임동은
펴낸이 이희경
총괄이사 이종복

펴낸곳 ㈜하양인
주소   서울특별시 마포구 잔다리로 62-1 (서교동) 신농빌딩 302호 (우) 121-894
전화   02-714-5383
팩스   02-718-5844
이메일 hayangin@naver.com
블로그 http://blog.naver.com/hayangin

출판신고 2013년 4월 8일 (제300-2013-40호)
ISBN 979-11-950292-9-7 03230

* 이 책 내용의 일부 또는 전부를 재사용하려면 반드시 하양인의 동의를 얻어야 합니다.
* 잘못된 책은 구입하신 서점에서 바꿔드립니다.
* 책값은 뒤표지에 있습니다.